农业信息传播

理论模型、实证分析与重构策略

Agricultural Information Communication
Theoretical Model, Empirical Analysis and Reconstruction Strategy

李天龙◎著

中国社会科学出版社

图书在版编目（CIP）数据

农业信息传播：理论模型、实证分析与重构策略 / 李天龙著 . —北京：中国社会科学出版社，2020.10
ISBN 978-7-5203-7333-3

Ⅰ.①农… Ⅱ.①李… Ⅲ.①农业经济—经济信息—传播学—西北地区 Ⅳ.①F327.4

中国版本图书馆 CIP 数据核字（2020）第 186448 号

出 版 人	赵剑英	
责任编辑	慈明亮	
责任校对	赵雪姣	
责任印制	戴　宽	

出　　版	中国社会科学出版社	
社　　址	北京鼓楼西大街甲 158 号	
邮　　编	100720	
网　　址	http：//www.csspw.cn	
发 行 部	010-84083685	
门 市 部	010-84029450	
经　　销	新华书店及其他书店	

印　　刷	北京明恒达印务有限公司	
装　　订	廊坊市广阳区广增装订厂	
版　　次	2020 年 10 月第 1 版	
印　　次	2020 年 10 月第 1 次印刷	

开　　本	710×1000　1/16	
印　　张	14.25	
插　　页	2	
字　　数	207 千字	
定　　价	86.00 元	

序　言

李明德

在李天龙教授的学术专著《农业信息传播：理论模型、实证分析与重构策略》即将出版之际，我受邀为本书撰写序言。首先表示真诚的祝贺，祝贺天龙为农业信息传播领域研究贡献出有价值、有意义的研究成果。同时，作为导师和最早读者之一的我，在此表达研读后的一些感想，与读者分享。

作为研究者，天龙选取了一个颇具时代感的关键性研究课题。对农业信息传播进行研究，是在乡村振兴战略背景下为顺应现代农业发展的迫切需要和解决"三农"问题的必然要求，一时成为新闻传播学、农业经济学等交叉学科研究的热门选题，引起了诸多学者关注和思考。

作为新闻传播学研究的新领域，农业信息传播研究正在向更多学科领域延伸，充实和拓宽了新闻传播学研究的交叉领域。既立足于国内"三农"问题的历史与现实，又有移动互联网和新媒体技术迅猛发展、中国农村传媒环境发生翻天覆地变化的观照，呈现出更多农业信息传播的本土化特征。"三农"问题对于国家建设、改革和发展具有重要意义，与国家长治久安和中华民族的伟大复兴有着密切联系，成为全党工作的重要内容。农业信息传播及农业信息化研究是"三农"问题研究的重要方面，是一个极具时代感且非常迫切的时代命题。近年来受到学界和业界的广泛关注，并逐渐发展壮大，这不仅是新闻传播学学科本土化发展的需要，更是建设社会主义现代化强国的必然要求。

我们清醒地意识到，在决胜全面建成小康社会、建设社会主义现代化强国及实现中华民族伟大复兴的关键时刻，也正是我们思考和梳理中国农业信息传播的好时机。

造成城乡差别的一个主要原因在于对信息的掌握和使用上。作者直面问题，不仅对已有研究成果进行了深入扎实的梳理，更难能可贵的是，作者以学者的责任和勇气试图破解重大现实问题，深入到西北农村地区收集第一手资料。通过对陕西、甘肃、宁夏、青海4省（自治区）8县（区）63个乡镇1561位农民的农村调查，综合运用文献分析法、历史分析法、社会调查法和数学建模法等多学科研究方法，将定性研究与量化分析结合起来，在国内外研究及农业信息传播实践的基础上，构建了农业信息传播体系理论模型，描述了西北地区农民对信息和媒介的认知特征，梳理了当前农业信息传播体系存在的主要问题，探讨了造成这些问题的深层次原因，分析了信息传播对农民观念和农民行为的影响，提出了当前西北地区农业信息传播体系重构的优化策略，即围绕农民受众这一主体和服务对象，建立"一主多元"的传播者系统，构建新旧媒体融合的媒介生态系统，充实符合"三农"需求的农业信息资源库，优化农业信息传播的政策制度，推进立法工作，建立政府主导和市场化并重的传播体制，实现农业信息传播的双向流动。这些创新性的意见和建议，使本书具有科学性和前瞻性的同时，也具有了接地气的现实基础。也许优化策略还有可提升之处，实操性有待进一步落实，但其所蕴含的合理性、科学性和指导性是不言而喻的。翔实的数据和严密的分析为论证提供了良好的支撑，使其结论更具深度。此外，作者在本书中提供了完整的调查问卷，描述了包括目标对象选择、问题设计、研究思路、技术路线、数据分析等具体内容，对把握农业信息传播发展脉络和规律具有重要的学术价值，对引导学者们对前沿问题展开思考有着启迪作用，为未来的同类研究提供了有益的借鉴和参考。

整体来看《农业信息传播：理论模型、实证分析与重构策略》既有理论层面的深入探讨，也有实务层面的应对分析。本书以马克思主义相关理论、传播学理论、农业信息化理论等为指导，对农业信息传播体系的相关概念进行阐释，在国内外研究和结合本土化实践的基础上，构建了合理的农业信息传播体系理论模型，对农业信息传播实践进行了细致观察，提出了具有实践指向的科学问题，对西北地区农业信息传播体系重构的策略进行了优化和进一步探索。脱离了碎片化、局部化的研究，提供了可借鉴的理论框架，研究具有一定的创新性、科学性与系统性，为学界提供了一份有价值的研究成果。

　　研读天龙的这部学术著作，心生感慨。随我读博期间，他就能够积极将博士研究方向与国家重大需求紧密结合，接触了许多学术新领域，令他的学术视野更宽阔。出于对新闻传播学、"三农"问题研究的关注和兴趣，他过去发表了一些学术论文，产生了一些影响，但是独立地出版学术专著还是第一次。这部著作是他经过很长时间的沉淀和再思考，在修改完善的基础上完成的，是集作者多年来对西北地区农业信息传播现状之总结，结合新闻传播学和农学等相关学科的理论精华而诞生的精品之作。这部学术著作不仅比较全面系统地表达了他对农业信息传播体系重构的独特见解，展现了他敏锐的学术洞察力和宏观把握的学术底蕴，也标志着他学术道路上一个新的阶段的开启。我希望天龙在今后的系列研究中不断关注正在变化着的媒介和传播环境，多关注文化、环境与传播等更为广泛和可持续性的问题，关注媒介融合、新媒体技术发展对农业信息传播所带来的巨大挑战和需要解决的现实问题，持续关注具有前瞻性及现实意义的研究议题。由衷地希望这部著作的出版能够为本土化农业信息传播实践开启新的篇章，期待其有更深厚、更丰富的研究成果面世。

2020 年 6 月

目　录

导　论

一　问题的提出

（一）研究背景

党的十八大重申，解决好农业、农村、农民问题（以下简称"三农"问题）是全党工作的重中之重。党的十八届三中全会也指出，形成以工促农、以城带乡、工农互惠、城乡一体的新型工农关系，让广大农民平等参与现代化过程、共同分享现代化成果。百业农为本，农兴百业兴。2004 年以来，中共中央、国务院连续 15 次以中央"一号文件"形式来关注"三农"问题，意义重大。2016 年 10 月，国务院印发《全国农业现代化规划（2016—2020 年）》，特别强调信息化与农业深度融合问题①。当前，我国正处于全面建成小康社会、加快推进社会主义现代化建设和实施乡村振兴的关键时期，"三农"问题关系到国民素质、经济发展，关系到社会稳定、协调发展。"三农"问题的核心是农民问题，农民是解决"三农"问题的主体，农民在思想上如果认识不清，在行动上就会跟不上这个时代，"三农"问题便不能有效地解决。农民问题主要表现为农民收入低、增收难，城乡二元结构下居民贫富差距大。要解决这些问题归根结底要依靠统筹城乡一体化发展和农业现代化的持续推进。

2015 年，国内 GDP 总量为 676708 亿元。第一产业增加值占国内生产总值的比重为 9.0%，第二产业增加值比重为 40.5%，第三产业

---

① 国务院印发《全国农业现代化规划（2016—2020 年）》，http://www.xinhuanet.com/politics/2016-10/20/c_1119758587.htm，2016 年 10 月 20 日。

增加值比重为 50.5%①，农业在 GDP 中所占比重保持底位水平。要提高农业在 GDP 中的比重，只有不断提高农业劳动生产率和劳动者素质，推动农业现代化建设进程。农民自由全面发展是农业现代化建设的基本出发点和最终归宿。我国农业发展成绩大，但短板也不少②，一是农业生产成本较高，二是农业竞争力不够，三是生态环境制约"三农"发展。在这样复杂的环境下，农业现代化的基本要求是转变农业发展方式，提升农业科技应用水平，积极发展现代农业；调整产业结构和创新经营模式，构建产销一体化的现代农业产业体系；培育职业农民，实现农业生产的专业化，以应对现代农业的发展要求。

当前信息革命正在试图抢占当代信息技术的制高点，各国普遍重视信息化社会的构建③。我国农业还未完全实现现代化便迎来了信息化，挑战与机遇并存。要发挥农业信息化和农业现代化叠加的双重优势，即加快推进农业信息化以带动实现农业现代化。现代传媒在农业现代化和农民发展进程中具有不可替代的作用，媒介交往能够促进农民与外界的沟通，一方面现代传媒为农业生产生活传播农业科技信息、市场信息、政策信息等提供了便利的渠道；另一方面农民通过接触现代传媒能够更好地与外部社会交往，提高农民的社会化程度与农民的整体素质，对农民的思维、态度、认知和行为水平产生一定影响，使农民获得更多的自主性和主体性，进而加快解决"三农"问题的步伐。

现代信息传播技术开创了人类交往实践。处在这个时代的每个个体都被链接在了一张全球化的信息网络中，信息可以快速到达世界的任何一个角落。交往媒介之所以能够推动农业生产生活的进步，

---

① 国家统计局：《2015 年国民经济和社会发展统计公报》，http：//www.stats.gov.cn/tjsj/zxfb/201602/t20160229_ 1323991.html，2016 年 2 月 29 日。

② 陈锡文：《加快转变农业发展方式是实现农业现代化的要求》，http：//www.scio.gov.cn/xwfbh/xwbfbh/wqfbh/2015/20150203/zy32543/Document/1394037/1394037.htm，2015 年 2 月 3 日。

③ 梅方权：《农业信息化带动农业现代化的战略分析》，《中国农村经济》2001 年第12 期。

就在于现代媒介具有用时间消除空间限制的功能和作用，媒介信息承载了先进的科学技术和其他信息，能够依靠现代媒介快速到达受众，为受众所采纳使用。媒介技术的不断变革，使得信息传播无时无刻不在我们周围发生，交往工具与传播环境的变革又促进社会结构、社会文化的解构与重构。为应对这种现实层面和技术层面的变化，传统的农业信息传播方式需要向适应信息时代要求的现代方式转变。

本节从国家实施乡村振兴和农业现代化战略以及对传媒环境深刻变革的现实层面和农民全面自由发展等背景做一番梳理。事实上，无论是国家的政策变化和社会变迁，还是农村传媒环境的巨大变化，都不可能离开具体的情境而展开。因此，农业信息传播体系的重构具有深刻的时代背景和社会背景。

1. 国家实施乡村振兴和农业现代化战略的需要

乡村振兴战略是党的十九大报告首次提出的国家发展战略。农业农村农民问题是关系国计民生的根本性问题，必须始终把解决好"三农"问题作为全党工作的重中之重，实施乡村振兴战略，这是党的十九大向全中国人民做出的庄严承诺。2018 年中央一号文件发布了《中共中央国务院关于实施乡村振兴战略的意见》。按照党的十九大提出的决胜全面建成小康社会、分两个阶段实现第二个百年奋斗目标的战略安排，中央农村工作会议明确了实施乡村振兴战略的目标任务：到 2020 年，乡村振兴取得重要进展，制度框架和政策体系基本形成；到 2035 年，乡村振兴取得决定性进展，农业农村现代化基本实现；到 2050 年，乡村全面振兴，农业强、农村美、农民富的目标将全面实现。国家实施乡村振兴战略，路线图已经明确，如何实施乡村振兴，需要全党、全国、全社会和全国各族人民共同关注这一重大战略问题。信息化背景下移动互联网为农业信息的传播带来了重要的发展机遇，是有效带动"三农"发展和解决"三农"问题的突破口。

现代化是一个国家或地区的政治、经济、文化、社会向现代类型变迁的过程，从历史和发展的角度来看，现代化是至今仍在进行的全球结构、制度变迁过程①。现代化萌芽于18世纪由农业社会向工业社会、农业经济向工业经济过渡的伟大实践，这一过程完成后，人类社会进行了由工业社会向信息社会、工业经济向知识经济转变的过程，称为人类社会的第二次现代化，不同民族国家经历第一次和第二次现代化的时间也不同。在由农业社会到工业社会、工业社会到信息社会变革的基础上，发达国家学者于20世纪60年代后提出了现代化理论，广泛在欠发达国家应用他们的理论来指导欠发达国家的发展进程，但基本以失败告终。中华民族自近代以来从未中断过现代化的探索，特别是中华人民共和国成立后，在建设有中国特色社会主义道路理论指引下，为实现中华民族和中国人民的现代化不断探索，积极寻找适合于本国的现代化道路。

农业现代化是中国全面现代化的重要组成部分。没有农业现代化就没有中国的全面现代化，农业、农村、农民的现代化是中国现代化的重点和难点。在中华人民共和国成立初期，国家重视工业，农业为工业体系的建设提供了大量资金、劳动力与其他资源，为工业现代化做出了巨大牺牲和贡献。经过几十年的探索与实践，国家工业体系相对发达，而农业体系则相对滞后。当前，我国要推进农业现代化建设进程，就要发展现代农业，提高农业生产率。马克思、恩格斯在考察英、法、德、美等西方国家走向工业化社会进程的基础上，同时分析了这些国家农业和农业现代化的道路。马克思说："用尽量少的时间创造出尽量多的价值。"② 这就要求提高农业劳动生产率。依靠劳动者素质提升和农业科技的采纳来提高农业生产率，进而实现农业现代化，这是以马克思为代表的经典作家对农业科技、劳动者素质、农业生产率与农业现代化之间关系的深刻解读。马克思等经典作家认为提高农业生产率的因素主要有三类：一是劳动者的基本素质；二是劳动的自然条件；三是劳动的社会条件③，它们共同影响农业生产率。近

---

① 曹方俊：《现代化理论与中国的现代化道路》，《齐鲁学刊》2007年第5期。
② 《马克思恩格斯全集》（第26卷第3册），人民出版社1972年版，第281页。
③ 何增科：《马克思、恩格斯关于农业和农民问题的基本观点述要》，《马克思主义与现实》2005年第5期。

年来，我国政府积极采取以工促农、城市反哺乡村的方针，积极探索新型城乡关系和工农关系，开始探索农业现代化、新型工业化、城镇化、城乡一体化协调发展的伟大实践。

党的十八大明确指出：坚持走中国特色新型工业化、信息化、城镇化、农业现代化道路，推动信息化和工业化深度融合、工业化和城镇化良性互动、城镇化和农业现代化相互协调，促进工业化、信息化、城镇化、农业现代化同步发展。十八大以来，中共中央将农业现代化作为推动我国农业、农村、农民发展的切入点，特别强调通过信息化驱动农业现代化，鼓励通过农业科技创新驱动、"互联网+"等战略推进农业现代化进程。中央"一号文件"连续 15 次涉及增加农民收入、加快推进农业现代化等诸多内容，意图解决"三农"问题，实现农业的现代化与农民的全面发展。

西奥多·W.舒尔茨认为发展中国家的经济增长，有赖于农业的迅速稳定增长，而传统农业不具备迅速稳定增长的能力，出路在于实现农业现代化①。实现现代化是中国人民自古以来的梦想，是中华民族最伟大的梦想。长期以来，由于城乡二元结构等方面的影响，中国农业发展极其缓慢，工业化的机器设备在农业生产生活中较少使用，当前又面临信息化的现实状况，使得中国农业现代化面临着农业工业化与农业信息化的双重环境。现代科学技术、先进生产资料和现代经营管理理念与方法逐渐参与农业生产过程；先进的工业化设备和信息化成果应用于农业生产之中；用现代科学文化知识武装当代农民，这些使农业在农业科技化、农业工业化和农业信息化多重驱动下走上现代化的发展道路。实现了农业现代化就能够提前完成全面现代化和全面建成小康社会的宏伟目标，实现中华民族的伟大复兴梦。

在中国传统农业生产条件下，农业与科学技术发生关系的概率较小。然而，人类进入信息社会后情况有所变化，人们将现代科技应用于传统制造业和服务业的同时，也开始尝试用现代科学技术改变农业生产方式和经营方式。信息技术的数字化、智能化、网络化、可视化

---

① ［美］西奥多·W.舒尔茨：《改造传统农业》，梁小民译，商务印书馆 2006 年版。

与工业的机械化、自动化交织在一起，共同影响着现代农业，加快了我国农业现代化建设进程。一场深刻的信息革命正在对农业进行信息化改造。现代信息通信技术和生命科学技术的进步正在影响着农业发展思维和方式，并更进一步影响着农民的生活方式和生存方式。

综上所述，我国农业现代化是国家现代化的重要组成部分，也是我国现代化建设中的短板，在新型工业化、信息化、城镇化、农业现代化相互融合的背景下，应着力以信息化驱动农业现代化，加快实现国家现代化。

2. 应对传媒环境深刻变革的需要

随着新技术工具不断应用于社会生产生活诸多领域，人类社会逐渐走向新的社会形态，从手推磨的农业社会到蒸汽机器的工业社会，再到以计算机和互联网为代表的信息社会。信息社会也称智能社会、后工业社会、风险社会、知识社会、全球化社会、消费社会、网络社会①，等等。不管用什么样的名称，都表现出了当今人类社会的典型特征，信息成为发展的第一资源。随着时间的推移，信息通信技术正在深刻改变着人类的生产生活方式和交往方式。从生产力的构成要素来看，脑力劳动者、智能工具、信息是这一社会区别于其他社会形态的本质性特征②。在信息社会，信息传播迅速，信息量充裕，个人可通过交往媒介直接获得知识，根据自己的兴趣和智慧，选取有效信息而有所作为③。信息成为信息时代最具潜力的资源，是最重要的生产资料之一，信息通信技术成为生产过程中最重要的技术手段。

伴随着互联网的诞生与发展，引发了以互联网为基础的人类交往方式的变革，打破了人类交往的传统方式。从技术上保证了传受双方的主体地位，实现了人类平等、友好、快速地交往。互联网的出现和发展对人的全面发展产生了深刻影响，并为人的自由全面发展奠定了基础。互联网成为人类不断改造社会的有力武器，成为各行业和个体

① 钟义信：《信息社会：概念，原理，途径》，《北京邮电大学学报》（社会科学版）2004 年第 2 期。

② 周子学：《信息社会的基本特征和趋势探讨》，《理论前沿》2004 年第 24 期。

③ 卢乃桂：《信息社会的人才要求》，《教育研究》2000 年第 11 期。

获得自由全面发展的重要工具。20 世纪 90 年代以来，互联网进入中国，逐渐渗透到了经济社会发展各领域，2015 年 3 月全国"两会"期间，李克强总理在政府工作报告中指出要用"互联网+"来创新传统行业。媒介与互联网的快速发展形成了新的传媒环境，媒介环境学认为，"媒介即是环境""环境即是媒介"[①]。现代传媒环境的建构依托于现代传媒技术，这种技术体现出了高速、宽带、移动、双向对称、网状等特征[②]。互联网技术的高速变革必然要迎合受众的需要。截至 2017 年 12 月，中国网民规模达 7.72 亿，手机网民规模为 7.53 亿，互联网普及率为 55.8%[③]。"互联网+"应用现状和网民规模表明，以"互联网+"为核心的现代传媒环境已经形成。

互联网技术为农业信息科学、快捷、准确传播提供了可能。互联网作为一种新型媒介是传统媒介的有效补充，传统媒介和互联网媒介共同构成了现代农业信息传媒环境。互联网媒介与传统媒介的融合，一方面促进了传统媒介的发展；另一方面使得传媒环境发生了质的变化。互联网作为当前信息传播最重要的方式之一，能够广泛在农业生产生活中解决诸多"三农"问题。截至 2017 年 12 月，中国农村网民规模达 2.09 亿，农村地区互联网普及率达 35.4%，网民中农村网民占 27.0%[④]。以计算机技术、互联网技术、移动互联网技术等为核心融合的现代传媒环境发生了深刻变化，以往的农业信息传播体系面临着诸多问题，为了应对传媒环境的变化，农业信息传播体系必须随之发生改变。

3. 加快农民发展的需要

一个国家或地区的现代化是政治、经济、军事、文化等的全面现代化。而人的全面自由发展是各领域现代化的核心和基础。马克思用

---

①　何道宽：《媒介环境学辨析》，《国际新闻界》2007 年第 1 期。

②　严军琦、任金洲：《现代传媒：从"传"到"媒"的演进》，《现代传播》2013 年第 4 期。

③　第 41 次《中国互联网络发展状况统计报告》，中国网信网 http://www.cac.gov.cn/2018-01/31/c_1122347026.htm，2018 年 01 月 31 日。

④　同上。

毕生精力研究的核心问题就是人的全面自由发展，人的全面自由发展是马克思主义的重要组成部分，实现人的全面发展是人类社会的理想目标。农民发展是农业发展的基础，农业发展为农民发展提供了条件，使传统农民发展成为符合现代社会特征的全面发展的现代人。农民作为社会的人，发展的实质就是其认识能力和实践能力的不断增强，农民发展是当代中国人发展的首要问题。没有农民的现代化就没有中国的现代化。农民问题的核心是农民主体性的获得和农民现代性的提升。以人为本的农民现代化需要利用现代信息通信技术提供符合农民认知的交往平台与发展资源，构建"三农"发展的信息环境。运用现代信息传播技术满足农民需求，构建以农民为中心的农业信息传播体系，既能满足农业劳动生产率提升的需要，又能满足农业生产生活对农民素质提升的需要。

改革开放 40 年来，中国的经济保持高速增长，人民生活水平显著提高。但社会矛盾日渐凸显，经济结构转型、环境问题、贫富差距问题等相继出现。2015 年，我国 GDP 总量为 676708 亿元，人均 GDP 约为 49351 元[1]，GDP 总量排名世界第二，但人均 GDP 排在世界 90 位左右。2015 年，北京、广东、浙江等 10 个省市的人均 GDP 突破 1 万美元[2]，区域发展、城乡发展不平衡，西部地区省份 GDP 总量排名相对靠后。经济快速发展，国民的思维和行为方式发展相对滞后，人均 GDP 贡献率差异大，特别是农民的发展水平普遍不能与经济发展相适应，农民发展问题重重。由"以经济为核心"到"以人的全面发展为中心"的发展思路是中国现代化进程中观念上的重要转变。

农民发展是践行社会主义核心价值观的体现，是实现中国梦的具体要求。社会主义核心价值体系是社会正常运转的基本规范，是社会秩序得以维持的精神依托。它不仅作用于经济、政治、文化和社会生活的各个方面，而且对每个社会成员的世界观、人生观、价值观都有

---

① 《2015 年我国 GDP 增 6.9%》，中国政府网 http：//www.gov.cn/xinwen/2016－02/29/content_ 5047325.htm，2016 年 2 月 29 日。

② 《去年 10 省份人均 GDP 迈入"1 万美元俱乐部"》，新浪网 http：//news.sina.com.cn/c/nd/2016－02－03/doc-ifxnzanh0617670.shtml，2016 年 2 月 3 日。

着深刻地影响①。社会主义核心价值体系与农民发展的要求具有内在统一性，促进人的全面发展是现阶段社会主义核心价值体系建设的现实要求②。农民现代性的提升就是要通过对其思维、认知、态度和行为多个方面的正向影响，来达到现代文明对个体的基本要求。在精神文化层面，民族认同、人的尊严、公平正义、理性、自由、进步、创新、全新的时空观等全面超越传统的地域性、血缘性、官本位的价值追求和思维方式，塑造具有现代人格的现代人，构造充满活力的现代农村社会。

现代传媒在农民的思维、认知、态度和行为方面具有重要影响。农民现代性的提升需要依靠教育、社会流动、现代传媒等社会交往手段来实现，而现代传媒是农民发展最重要的途径之一。农民走出学校走向社会后，现代传媒是农民获取信息、增加见识、发展自我最重要的途径之一。现代农业信息传播体系的重构能够帮助农民在思想上提高认识，在行动上走出传统，寻求个体新的突破。

信息技术特别是现代信息传播技术在现代农业生产中的重要作用日益凸显，因而被誉为是促进农业经济增长的"新引擎"。信息技术作用于农业生产主要得益于两个方面的支撑，一是通过工业化、信息化的技术手段直接促进农业生产的过程；二是通过信息通信技术解决农业生产生活中的农业信息传播问题。在建设现代农业背景下，农业信息成为农业生产生活中重要的基础性和战略性资源。通过两种信息化的手段带动农业现代化，促进农村经济健康、快速、可持续发展，已经成为全世界各国的共识。在国家实施乡村振兴和农业现代化战略的需要、现代传媒环境的变革和农民发展需要的多重现实背景下，开展农业信息传播体系研究，通过信息化驱动农业现代化，有利于促进"三农"问题的有效解决，并进一步推动我国的经济转型和农业现代化的实现。

（二）问题界定

20世纪60年代以来，发达国家试图通过大众传媒等方式帮助落

---

① 秋石：《论社会主义核心价值体系》，《求是》2006年第24期。

② 周春燕：《人的全面发展与社会主义核心价值体系》，《齐鲁学刊》2011年第6期。

后国家发展经济、政治、文化等，孕育出发展传播学和创新扩散等理论。但最终的实践却并不像他们想象的那样。发展中国家的传播事业只能依靠自身建立一个与本国经济、技术、文化相匹配的体系。经过几十年的发展，我国农业信息传播体系取得了长足发展，政府传播系统、广播电视传播系统已经基本建立起来，但随着社会的发展、传媒技术的革新、"三农"发展的需要，现有的农业信息传播体系不能很好地满足农村事业和农民发展的需要。与相对完善的城市信息传播体系相比，农业信息传播体系中还面临着诸多现实问题：城乡信息鸿沟进一步拉大；农民在信息传播中的主体地位严重缺失；农民获取有效信息的信息素养还普遍偏低；农民获取有用信息的成本偏高；农业信息传播基础设施还不够完善；传播主体地位还不够突出；传播体制机制还不顺畅。

近年来，国家集中出台了一系列促进农业信息传播的相关政策，通过互联网、广播电视、农家书屋工程、农业技术推广、农业数据库建设等多种途径解决和优化农业信息传播问题。然而，现代传媒环境的深刻变革与转型时期农民思想的复杂性、滞后性等矛盾依旧突出。各级政府投入高、农民信息收益低的现状仍未解决。同时农业信息传播体系的运行机制、传播结构、传播效果等未能随着国家政策、传媒环境和农民观念的变化而及时调整，导致农业科技与市场等农业信息在西北地区农业生产中的重要性没有完全凸显出来。

农业信息传播体系的建设是一项复杂的系统工程，涉及国家各级政府、新闻出版单位、各社会团体、公益机构和社会组织，还涉及农业信息传播的政策保障、资金投入、传受双方主体信息素养、体制机制等问题。面对当前农业信息传播体系不能很好地服务于农业增产、农村发展以及农民发展的不利局面，就要坚持以农民为中心，依据马克思主义相关理论和农业信息传播规律，并考虑现代传媒环境的复杂性，尊重农民的信息意愿，构建科学、合理、高效的农业信息传播体系。要达到这一目标，就需要认真研究农业信息传播规律，制定各类符合实际的政策和强有力的制度、措施，探索并创新农业信息传播体系建设的思路，实现农业现代信息传播体系的系统性转变。

研究西北地区农业信息传播体系的重构为我国农业信息传播体系的设计和实践提供了良好的基础和准备。西北地区由于其区域的特殊性和时空上的落后性，与实现农业现代化的要求还有相当大的差距。西北地区面临着信息传播基础设施不完善和农民信息素养不高等现实问题，这是一项长期而艰巨的任务。因此，本书提出的问题是：

第一，农业信息传播体系的理论模型是什么？

第二，国内外农业信息传播体系建设可借鉴的经验是什么？具体包括：我国农业信息传播体系建设的进程如何？表现出了什么特征趋势？国外的经验有哪些？

第三，西北四省农业信息传播体系的现状与特征是什么？

第四，我国农业信息传播体系存在的问题及成因是什么？

第五，西北地区农业信息传播体系重构的策略与思路是什么？

二　研究的目的及意义

本书的开展正是基于上述复杂背景下重构农业信息传播体系做出相关理论思考的结果。依据文献资料和农业信息传播实践，从研究的基本问题出发，科学地揭示我国农业信息传播的变迁过程，考察西北四省（自治区）农业信息传播现状，能够客观准确地描述西北地区农业信息传播实际，严肃地发现农业信息传播过程中的问题。因此将研究目的确定为：了解如何建设科学、合理、高效的农业信息传播体系，帮助农民提高他们的主体性与现代性，增强其运用信息的能力，最终达到改变农民生存状态，提升从事农业生产的能力，并且能服务于农业现代化的目标。简而言之，就是重构现代农业信息传播体系，服务于农民全面发展和农业现代化建设。

本书对于我国农业现代化的推进，农民主体性的获得以及农民现代性的提升都具有重要的现实意义。直接目的在于促进农民利用现代传媒有效地进行农业生产生活，有利于农业信息的高效传播和利用，而更广泛的意义在于实现农业现代化。重视农业科研机构与农民、政府与农村、农业工商企业之间的沟通交流，从而在政府、农业科研院所、工商企业、农民之间共享农业信息，整合各方资源寻找破解"三农"问题的途径。

现代信息通信技术肩负着为西北农村地区传播农业信息，加速社会变迁，满足农民需要，促进农民发展，帮助广大农民增收，丰富业余文化生活，促进农村政治、经济、文化、社会发展等多重任务。根据本书拟讨论的议题与内容，以马克思主义相关理论、传播学理论、系统科学理论等相关理论为指导，对"三农"发展和传播学的本土化建构方面具有一定的学术意义和现实意义。

第一，为推进农业现代化和农业信息化提供了现实依据和决策支持。发达国家的农业现代化和工业化几乎在同一时期完成，而中国的农业现代化是在中华人民共和国成立后的基础上缓慢起步的，直到今天农业现代化尚未完全实现。现代信息通信技术高速发展，对推动农业现代化带来了极大的便利，农业发展面临的机遇更多、空间更大。农业信息传播体系的重构，将极大地推动农业现代化建设进程以及农业信息的传播效率和效果，改善农业信息传播环境，促进农民素质的提升与农业劳动生产率的提高。

第二，丰富与完善了传播学理论体系。20 世纪 50 年代末，发展传播学在美国兴起，以勒纳和罗杰斯等为代表的传播学者对第三世界国家的传播与社会发展问题进行了系统研究。中国的农业现代化问题是一个举世瞩目的现代化问题。本书以图论和基因重组理论为指导，运用数学建模方法，探索出的农业信息传播理论模型对于完善和发展传播学理论和农业信息传播理论具有重要而深远的意义。

第三，为农业信息传播体系提供建设性工具。本书不仅有助于国家政策的制定与决策支持，还有助于传播学理论的本土化研究与理论创新，更为农业信息的传播找到切实可行的依据，将原有农业技术推广体系与现代传播技术平台、传统传播媒介与新媒介有效结合，优势互补实现农业信息的高效传播，为农业生产的现代化、农民生活的品质化和农业经济的健康可持续发展提供保障。

第四，能够为未来的农业信息传播研究提供借鉴。农业信息特别是农业科技信息与市场信息，是现代农业生产的核心要素，本书还能够有效指导农民参与农业传播和使用农业信息，提高农业劳动生产效率。农业信息对于现代农业的重要性不言而喻，农业信息传播的研究必将成为一个热门研究领域，本书为后续的相关研究提供理论上和实践上的双重借鉴。

当前，我国农业正处于从传统农业向现代农业转型的关键时期，信息的有效传播与科学传播对破解"三农"问题起着至关重要的作用，特别是现代信息传播技术的介入使得农业与农民的发展面临着前所未有的机遇和挑战。在农业信息化促进农业现代化的建设进程中，强化以城带乡、以工促农，建立新型城乡关系，为"三农"提供各类信息，除了满足农业生产中的信息需求，还要满足农民精神文化活动中的信息需求，满足不同类型农民的各类信息需求。在这样一种现实的需求下，研究农业信息传播体系就显得极为重要了。

三　国内外研究现状

在社会科学诸多学科体系中，对相关文献进行梳理，以更好的把握本领域的研究动态和前沿理论。对与本书有关文献的搜集与运用，以及对研究趋势的追踪和判断是至关重要的，这些都依赖于基础的文献回顾工作。在历史发展轨迹和现时空条件下寻找合适的切入点，确定本书研究的逻辑起点。本书的文献述评工作主要涉及农业信息传播体系的概念描述、研究方法、现状和问题以及农业信息传播体系重构思路与策略、方法等。

"三农"问题是人们长期关注的重大问题，它涉及经济问题、政治问题、文化问题、社会问题和生态环境问题，是错综复杂的一系列问题[1]。20 世纪以来，出现关注和传播农民问题的三股力量：以天下为己任的革命先驱；充满悲悯情怀的作家；忧国忧民的社会学者[2]。以孙中山、毛泽东等革命先驱为代表，这些政治家以救国救民为己任，采取不同的手段关注和解决农民问题。自 19 世纪 60 年代以来，农业、农民问

---

① 纪爱真：《中国"三农"问题发展方向研究》，中国社会科学出版社 2015 年版，第 46 页。

② 刘修兵、刘行芳：《涉农传播的历史反思和现实路径》，《新闻爱好者》2013 年第 4 期。

题引起了晏阳初、费孝通、张培刚等诸多社会科学家的广泛关注。晏阳初认为中国民众存在贫、愚、弱、私"四大病"，主张通过办平民学校对民众实施生计、文艺、卫生和公民"四大教育"，以达到强国救民的目的①。费孝通关注中国农村和农民问题的代表作有《江村经济》《乡土中国》《乡土重建》，在这些著作中，费先生提出"以工业重建乡村，进而把农民从土地中解放出来，解决中国问题"的思路。张培刚从经济学视角探讨了农业国工业化理论，提出了发展经济学理论体系，从工业化的视角关注中国农村问题的解决。20世纪以来，众多社会学者从各自的专业视角关注了"三农"问题，为本书提供了一定的借鉴。

国内农业信息传播研究始于20世纪80年代，最早涉及该领域研究的是农业院校和科研机构从事农业科技信息的推广人员。20世纪90年代至今，一些高校新闻传播机构、科研院所和农业院校的农技推广部门等机构对"三农"传播进行研究，但业界的着眼点和重点主要局限于传统意义上的农业科技信息的普及和农技推广的运用管理。范围较狭小，随着现代传媒技术往农村延伸和农民信息需求的进一步增加，农业信息传播逐渐开始被越来越多的学者所关注。

对前人有关研究的分析为我们提出自己的研究问题、了解当前研究存在的问题，确定本书的逻辑结构奠定基础。虽然对农业信息传播体系的研究并不多，但是有关农业传播主体、农业信息、传播媒介与渠道、受众、现代传媒技术促进农业传播、农业科技成果推广的研究较多。这些文献为本书农业信息传播体系的相关研究提供了丰富的理论素材，下面分别进行讨论。

（一）国内研究现状

1. 农业信息传播体系概念描述

从现有学者的研究来看，对农业信息传播体系的研究基本是从传播系统（体系）的视角出发，从三要素、四要素等不同视角分析了信息传播体系。张建堂（1997）基于对大众传播体系的传播主体、受众

---

① 晏阳初：《平民教育与乡村建设运动》，商务印书馆2014年版。

主体和传播内容三大要素的分析，从传播主体与受众主体二元主体论的视角，提出大众传播体系构成要素中最为关键的要素是传播主体与受众主体①。翟杰全（2001）通过对国家科技传播体系概念的界定，研究发现组织平台建设、产业平台建设、技术平台建设、政策法规平台建设是国家科技传播体系建设的重要内容②。余军（2006）结合广播电视传播现状，指出传者、信息、传播媒介和受众四个要素构成了农村信息交互传播体系③。马池珠（2006）以经典的传播四要素观点为基础，从电视传播的角度研究了农业信息传播体系，指出农业信息传播体系包括：传播者子体系、内容子体系、通道子体系、受众子体系④。汪雷、汪卫霞（2010）将农业信息分为农业政策信息、农业科技信息、农业市场信息三种类型，指出现代农业信息传播体系包括政府为主导的供给方、农民为需求方、农业组织为重点的传播媒介⑤。上述研究基本围绕传播的四要素传播者、受传者、信息、媒介等要素来描述农业信息传播体系。

对农业信息传播体系的研究除上述三要素和四要素外，还包括了对体系内传播体制、机制、政策等的研究，个别学者特别提出了包括传播机制的传播环境对于农业信息传播体系的保障作用。如冯瑛（2003）⑥和李应博（2005）⑦等在农业科技（推广、技术）传播体系等概念界定过程中均涉及保障传播体系正常运行的机制、政策等。沈进程（2011）通过对政府信息传播体系的构建与应用为例，解析了政府信息传播体系的要素结构，将人员组织、法律法规、制度规范、

① 张建堂：《传播体系二元主体论》，《中国广播电视学刊》1997 年第 11 期。

② 翟杰全：《构建面向知识经济的国家科技传播体系》，《科研管理》2001 年第 1 期。

③ 余军：《合力建设农村信息传播体系》，《新闻前哨》2006 年第 9 期。

④ 马池珠：《基于受众中心的农业电视传播体系研究》，博士学位论文，华南师范大学，2006 年。

⑤ 汪雷、汪卫霞：《基于信息不对称的现代农业信息传播体系构建》，《情报理论与实践》2010 年第 7 期。

⑥ 冯瑛：《湖北农业科技传播体系的社会学研究——对宜昌市两个农村社区农业科技传播体系的实证研究》，硕士学位论文，华中农业大学，2003 年。

⑦ 李应博：《我国农业信息服务体系研究》，博士学位论文，中国农业大学，2005 年。

基础设施、媒体媒介、信息，甚至将经费也纳入政府信息传播体系当中。研究发现体系外部的传播环境对于构建政府信息传播体系具有非常重要的意义①。通过梳理现有研究，发现部分研究已将法律法规、制度规范、运行机制，甚至人员、经费等作为保障传播活动正常进行的传播要素。

2. 农业信息传播体系的研究方法梳理

随着现代社会科学研究方法的进一步规范，农业信息传播研究领域中从早期的定性研究方法发展到了多元化研究方法并存的发展阶段。目前关于农业信息传播的研究方法，经过梳理主要有以下几种。

农业信息传播体系是一个复杂的开放系统，需要运用系统方法进行分析，探讨要素间的相互作用机理，寻求最佳的运行机制。徐萍（2006）运用生态系统分析法，揭示了多元化的传播者、多功能的传播环境与受众间形成的"主体间"关系，研究发现，传播生态是指向一种系统的和谐结构，是一种复杂的系统结构②。黄家章（2010）运用系统分析法来考察新型农业科技传播体系的基本框架，并以此方法为指导来构建农业科技传播体系。研究结果显示，建立一个基于受众本位、作者和受众双向互动、公益性和经营性相结合、服务模式多样、服务手段先进的全方位、多层次、立体化农业科技传播体系对于发展现代农业具有极其重要的意义③。孔德明（2009）通过分析广播电视传播能力的基本特征，系统研究了决定广播电视传播能力的内容、方法、手段、战略、队伍等要素④。苏颖（2009）通过分析政治传播系统中的公众、精英、媒介等要素，研究发现，政治传播系统具备传播政治信息、引导公共舆论、设置政治议题、政治社会化、塑造

---

① 沈进程：《公共管理理念下政府信息传播体系初探》，硕士学位论文，吉林大学，2011年。

② 徐萍：《传播生态的系统构建》，《现代传播》2006年第1期。

③ 黄家章：《我国新型农业科技传播体系研究》，博士学位论文，中国农业科学院，2010年。

④ 孔德明：《广播电视传播能力的基本特征与体系构建》，《中国广播电视学刊》2009年第11期。

政治形象、实现政治统治等功能①。

早期的农业信息传播研究中，描述性研究方法运用较为广泛，基于社会观察的经验性总结类的描述性方法较多。何郁冰（2003）通过分析高效科技传播的内涵及构成，认为高效传播系统由学术交流系统、科技教育系统、科技传播与推广系统组成②。冯广圣（2010）通过对新农村传播体系的分析，认为构建对农业传播体系需要从政府、媒介和受众三个维度入手③。汪雷、汪卫霞（2010）通过分析农业信息的不对称问题，认为构建农业信息传播体系应该发挥政府主导地位，加强中介传播使用，培育农民掌握农业信息技术④。翟峥（2014）通过梳理近百年总统与媒体的关系，研究发现，美国总统政治传播体系的演变是随着传播技术的变革而变化的，从报纸杂志到电影片断、广播电视到最新的互联网媒介进行政治传播、塑造形象和影响民意⑤。

左停等（2009）通过分析农业信息传播中的问题，认为农业信息传播中需要注意农业信息传播的目的、方法、传播内容、传播主体等⑥。黄家章（2010）认为农业科技传播者可分为：高等院校和科研院所的科研人员、大众传播工作者、农业专业合作组织、农业技术协会、农村科技示范户、涉农企业营销人员、农机推广人员⑦。牛振国等（2003）将农业信息分为农业空间信息、科技信息、社会经济信息、相关机构信息、自然资源和环境信息、生产资料信息、农产品市

---

① 苏颖：《政治传播系统的结构、功能与困境分析》，《东南传播》2009 年第 5 期。

② 何郁冰：《构建高效传播体系的理论思考》，《软科学》2003 年第 3 期。

③ 冯广圣：《新农村传播体系建的三个维度》，《新闻界》2010 年第 3 期。

④ 汪雷、汪卫霞：《基于信息不对称的现代农业信息传播体系构建》，《情报理论与实践》2010 年第 7 期。

⑤ 翟峥：《美国总统政治传播体系的打造及其演变》，《郑州大学学报》（哲学社会科学版）2014 年第 3 期。

⑥ 左停、旷宗仁、徐秀丽：《从"最后一公里"到"第一公里"》，《中国农村经济》2009 年第 7 期。

⑦ 黄家章：《我国新型农业科技传播体系研究》，博士学位论文，中国农业科学院，2010 年。

场信息①。陈崇山（2003）认为农村受众呈现媒介资源利用差、接收工具少、媒介消费时间短、接受能力弱、自我意识差等特征②。

近年来，关于农业信息传播的研究引起了经济学、社会学、传播学、农技推广等学科领域研究人员的普遍重视，实证研究方法在逐渐增多。蔡楚泓（2012）将农民媒介使用情况的调查研究分为四个阶段：早期研究（1982—1988）、现代化研究（1988—1995）、发展研究（1995—2002）、互动性研究（2002 年至今）③。其他研究如祝建华对上海郊区农村进行的传播网络调查；张学洪等人对江苏农村进行的传播网络调查；复旦大学新闻学院组织的云南少数民族信息传播调查；南京师范大学方晓红（2002）进行的江苏农村受众与大众媒介接触状况的发展关系调查。强月新（2007）等人从使用与满足论视角对我国农村受众的电视收看动机进行了研究。高红波（2013）进行了新媒体需求与使用对农民现代化观念影响的调查研究。袁靖华（2015）从人际传播的视角来审视新生代农民工的边缘身份融入问题。

案例研究法在农业信息传播研究中相对较少，一方面由于案例研究的应用范围有限，另一方面案例研究法本身也存在一些弊端。旷宗仁等（2008）等通过对海南阜龙乡天堂村的个案分析，研究发现，农民的知识结构主要以隐性知识为主，而外部传播者主要以显性知识进行传播，导致传播效果极差④。纪淼等（2009）通过对广西农民专业协会的案例研究，将信息传播模式划分为农民自助型、政府主导型、合作型。研究发现，在贫困农村地区，信息传播主要是人际传播⑤。朱峰等（2013）以婺源为个案，重点讨论了互联网媒介在旅游目的地

---

① 牛振国、符海芳、崔伟宏：《面向多层用户的农业信息资源分类初步研究》，《资源科学》2003 年第 3 期。

② 陈崇山：《谁为农民说话——农村受众地位分析》，《现代传播》2003 年第 3 期。

③ 蔡楚泓：《近年来农民媒介接触与使用情况调查研究综述》，《今传媒》2012 年第 5 期。

④ 旷宗仁、李红艳、左停：《农业知识与信息系统（AKIS）个案分析——来自海南阜龙乡天堂村与新村的调查》，《中国农业大学学报》（社会科学版）2008 年第 4 期。

⑤ 纪淼、高翠玲、左停：《我国贫困地区农民专业协会的信息传播模式特点及政策建设》，《安徽农业科学》2009 年第 6 期。

深化中的作用机制，研究发现，互联网集小圈子与大众传播于一体促进了旅游地从探查阶段向参与阶段深化，且把互联网作为影响旅游目的地的演化的因素纳入了演化理论范畴①。陈雅莉（2013）通过对中国 X 村农村教会传播活动的个案考察，分析了在宗教力量较强的农村社会中西方宗教思想的传播路径。研究发现，农村"熟人社会"中教会基于"宽容性"传播之道，通过家庭影响以及宗族皈依两种传播方式维持了信仰的长期稳定②。案例研究法可以提供许多材料、观点和见解，可以作为其他研究的基础，经过后续的其他类型方法的整合性研究，便可得出较为一般性的结论。

3. 农业信息传播体系现状和问题梳理

近年来，随着我国农村传媒环境的变化、新农村建设进程的推进、农民社会流动的增加等，关于"三农"信息传播的研究逐年增多，从新闻传播学、农业技术推广、经济学、管理学、社会学等多学科展开。对于农业信息传播的研究应该是传播学研究的主题和基本责任，却始终没有凸显出来。现有的研究呈现视角不断增加、内容不断拓展、关注度不断提高等特征。国内外农业教学、科研、推广等机构和传媒类高校成立了与"三农"信息传播相关的研究院、系、所，开展了一系列有成效的研究。

目前国内外学者通过不同的方法与视角对农业信息传播现状进行了广泛研究。谭英等（2003）应用实证研究和参与式农村评估方法对贫困地区不同层面的村民对待信息的态度、需求何种信息和使用科技信息的情况进行了深入分析③。陈薇（2010）通过文献检索发现，自实施"金农工程"以来，农村网络建设及信息传播取得了巨大成就，但区域性差异导致了广大农村地区软硬件缺失、农民主体地位尚缺、

① 朱峰、项怡娴、丁新新：《互联网的传播作用对旅游目的地演化的影响——基于婺源的个案研究》，《人文地理》2013 年第 9 期。

② 陈雅莉：《家庭、宗族与农村教会的纵向传播路径研究》，《新闻界》2013 年第 15 期。

③ 谭英、王德海、谢咏才、彭媛：《贫困地区不同类型农户科技信息需求分析》，《中国农业大学学报》（社会科学版）2003 年第 3 期。

农民媒介素养尚待提高、信息资源建设队伍滞后①。常本超（2011）通过对黑龙江省农村传播现状的考察，发现技术落后、手段滞后、应用单一、懂业务人员少、信息不畅、政府不够重视、农民素质不高等问题，研究还发现，主要应对策略有多角度立体的传播手段以及传媒硬件的普及、政府部门的组织协调、监督与监管等②。黄家章、李思经（2011）从传播者、受众、媒介、渠道四个方面来对农业科技传播现状展开研究。研究发现，要想做好农业信息传播研究需要加强学科建设和加快人才队伍培养③。操瑞青（2014）通过对近十年104篇关于农村新媒体传播研究的文献梳理，将新媒体在农村地区的现状研究划分为五大领域：普及与应用研究、认知与现状研究、功能与作用研究、影响与效果研究、理论与模式研究。研究发现，微观层面的研究不够深入，宏观层面的研究视角趋于平衡但研究深度各有不同，始终坚持跨学科的研究视角，新闻传播学科的研究并未充分展开，研究重点正在从表层描述转向深层理论，但依旧"前路漫漫"④。从现有的研究来看，关于农业信息传播的研究深度还不够，没有体现出多学科视角下新闻传播学科的优势，对微观领域研究甚少，对传播学理论的贡献不足。

　　当前我国农业信息传播的研究在不同的视角下，已对不少农业信息传播的基本问题进行了初步探讨，从中发现的问题和提出的观点对农业信息传播相关政策的制定具有重要的理论意义和实践意义，但在具体研究中还存在许多问题。李和平、肖华锋（2006）认为大众传媒在对农传播过程中存在环境、传媒结构和传媒功能等失衡问题，需要通过加强环境建设、鼓励传媒深入农村、提供切实有效的农业信息等

---

　　① 陈薇：《农村网络信息传播的现状研究》，《新闻传播》2010年第2期。

　　② 常本超：《农村媒体传播的现状及对策》，《黑龙江农业科学》2011年第7期。

　　③ 黄家章、李思经：《我国农业科技传播研究的现状、问题与对策》，《江苏农业科学》2011年第1期。

　　④ 操瑞青：《近十年来农村新媒体传播研究述评》，《重庆社会科学》2014年第3期。

措施来改进①。现有的研究中将农业信息传播主体分为传播者和受传者是不科学的，实际上农民应该和其他传播者一样都是平等的传播参与主体。林夏竹、王德海（2009）通过对近年来"三农"信息传播文献和著作的梳理发现，期刊文章中经验描述多，"三农"报道研究领域单一，研究角度守旧、缺乏挖掘创新等问题。虽然著作类研究相对有系统性、科学性，但也存在理论与实践的融合性较弱、"三农"传播理论研究不多、研究方法无新意等问题②。许光莹（2010）对"三农"传播进行了综述发现，"三农"传播停留在经验介绍、政策宣传方面，理论上并无突破，对解决农业信息传播失衡的现状也缺乏建设性建议③。蔡楚泓（2012）通过文献归类分析指出关于农民接触媒介与使用情况的实证研究比较匮乏，涉及的区域有很强的重叠性，涉及农村特定人群的研究也不甚完善④。

4. 农业信息传播体系构建策略与方法梳理

搜索中国知网发现，关于农业信息传播体系的研究较少。仅有的文献也主要是几篇硕博学位论文，而且大都从农业科技传播体系、农业信息服务体系、农业技术推广体系等几个概念出发来探讨。学术期刊论文中关于农业信息传播体系的概念、要素、结构、重构策略与方法等几乎没有研究。但对传播者、受传者、信息、媒介、运行机制等单个要素研究的则相对多一些。

经过梳理部分已有文献发现，学者们关于信息传播体系构成要素的观点不尽相同。何志勇等（2009）认为农业信息服务体系是集成了农业信息收集、处理、传播、应用等要素构成的一个整体⑤。杜华章

①　李和平、肖华锋：《大众传媒对农传播存在的问题与对策》，《农业考古》2006年第6期。

②　林夏竹、王德海：《"三农"信息传播研究综述》，《农业图书情报学刊》2009年第3期。

③　许光莹：《"三农"传播研究综述》，《新闻世界》2010年第5期。

④　蔡楚泓：《近年来农民媒介接触与使用情况调查研究综述》，《今传媒》2012年第5期。

⑤　何志勇、蔡乐才、李红婵：《农业信息服务体系研究》，《四川理工学院学报》（自然科学版）2009年第12期。

（2011）认为农业信息服务体系包括多元化的信息服务主体、服务客体、服务渠道、服务内容、服务的利益分配机制以及服务的支撑与保障体系①。沈进城（2011）以政府信息传播体系为例，认为信息传播体系是由传播主体、信息、通道（媒介）、环境这四个要素和传播效果评价的一个系统组成②。邬震坤（2012）认为农业科技知识服务要素包括服务主体、服务客体、服务媒介和知识资源③。不同的学者站在不同的视角分析体系要素结构时也不尽相同，所以，在农业信息传播体系的构成要素上尚未达成一致。学者们在分析农业信息传播体系构建策略和方法时，大都先界定其概念，然后分析其构成要素，接下来才是构建策略和方法。

学者们关于农业信息传播体系的构建策略与方法研究较多。李应博（2005）认为，确定了体系的结构以后，就要遵循系统化原则、动态化原则、针对性原则、效益性原则、竞争性原则来构建农业信息服务体系④。吴德进（2008）认为构建农业科技传播体系，需要以下策略与措施：切实增加农业科技传播经费投入；坚持"以农民为中心"的传播策略；建立"双轨"运行机制；适当扩大经营规模提高农民采用新技术成果的积极性；大力推进农业科技经营和传播主体建设；切实加速乡土人才的培养；为农业科技传播创造良好的社会环境⑤。谢舜、王彦雨（2011）通过分析当前"政府主导型"农业科技传播体系存在的问题，以"公共治理"为视角和公民社会理论为依据构建新型农业科技传播体系，从而形成"政府—市场—农村公民社会"三个

① 杜华章：《江苏省农业信息服务体系建设研究》，《北京农业职业学院学报》2011年第1期。

② 沈进城：《公共管理理念下政府信息传播体系初探》，硕士学位论文，吉林大学，2011年。

③ 邬震坤：《基于农户视角的新型农业科技知识服务体系研究》，博士学位论文，中国农业科学院，2012年。

④ 李应博：《我国农业信息服务体系研究》，博士学位论文，中国农业大学，2005年。

⑤ 吴德进：《构筑现代农业科技传播体系——以福建省为例的分析》，《福建论坛》（人文社会科学版）2008年第10期。

要素相互合作、相互制约、相互促进的局面①。钟志荣（2012）通过
对地方文化传播体系的分析，研究发现，构建地方文化传播体系需要
注意以下策略：注重地方文化传播媒介的有机整合、构建地方文化的
立体化传播模式、充分利用双向传播机制、重视对传播理论的运用和
研究②。从以上研究综述可以发现，上述几篇博士学位论文关于农业
信息（科技）传播（服务）体系的研究相对较多，谈到了构建体系
的策略、原则和方法等。

（二）国外研究现状

国外农业信息传播体系研究建立在以媒介技术为核心的农业信息
传播实践基础上，主要涉及传播信息符号的选用、信息媒介资源的开
发以及先进媒体技术的运用等方面。

"信息"一词来源于拉丁文，指解释与陈述。而目前学术界对于
信息的理解更多指可以传播，也能被运算、加工及处理的消息、知识
和情况。获得信息有助于人们减少或消除某种不确定的东西，进而帮
助人们认识世界和改造世界。农业信息系统可以实现农业信息生成、
转换、转让、合并、接收和存储，农业信息被认为有助于农业教育、
研发和推广活动③。不同种类的信息是由不同类型的用户用于不同目
的所决定的。农业信息的潜在用户包括政府决策者、政策制定者、规
划者、研究人员、教师和学生、项目经理、现场的工人和农民等④。
信息通信技术可以加快农业信息传播效率及通信路径。在西孟加拉
邦，IKSL公司通过语音留言系统在当地农民中传播信息和知识，探索

---

① 谢舜、王彦雨：《走向公共治理：我国农业科技传播体系转型研究》，《江汉论坛》
2011年第12期。

② 钟志荣：《利用现代媒介构建地方文化传播体系》，《广东技术师范学院学报》（社
会科学版）2012年第3期。

③ Lu Yunfan, Lu Yaobin, Wang Bin et al., "Acceptance of Government-sponsored Agri-
cultural Information Systems in China: The Role of Government Social Power", *Information Systems
and e-Business Management*, Vol. 13, No. 2, 2015, pp. 329-354.

④ N. Kizilaslan, "Agricultural Information Systems: a National Case Study", *Library
Review*, Vol. 55, No. 8, 2006, pp. 497-507.

通过 IKSL 绿卡来提供这种基于移动语音信息服务的方式[1]。Idowu
（2006）对尼日利亚基于听众通过信息检索和语言翻译相结合来实现
多语言广播以确保农民顺利及时获得各类农业信息，认为多语言广播
有效帮助尼日利亚农民降低了运输、交易及信息获取方面的投资成
本[2]。这些研究进一步证明了农业信息在全世界各国农民生产生活当
中的重要性。

　　传播通道是传播过程中信息传递的基本路径，信息无法直接到达
受众，必须借助于农民喜欢的媒介。随着科技的快速发展与进步，越
来越多的国家通过信息技术拓宽农业信息传播通道。传播通道的选取
直接影响到信息传播过程中干扰因素的大小以及信息是否快捷准确传
输。P. Krishna Reddy 和 R. Ankaiah（2005）在印度农业信息传播研究
中，采用土壤综合肥力信息管理系统（ISFM）在肯尼亚西部农民中的
应用，得出以社区发布系统 AgrIDS 框架来传播农业信息。AgrIDS 以
成本效益方式传播专家建议并进行个性化指导使农民在专业知识指导
下种植农作物，并逐步成为农业领域的专家人物，有效促进了印度现
代农业的发展[3]。Ivan S. Adolwa 等（2010）在肯尼亚西部研究社会经
济因素为基础和大众媒体渠道最适合输送各类农业信息[4]。由于推动
农村信息化的需要，乌干达通信战略已从国家农业研究系统（NARS）

---

① A. Das, D. Basu, R. Goswami, " Accessing Agricultural Information through Mobile
Phone: Lessons of IKSL Services in West Bengal", *Indian Research Journal of Extension Education*,
Vol. 12, No. 12, 2016, pp. 102-107.

② O. Idowu, "Multilinguality of Farm Broadcast and Agricultural Information Access in Nigeria", *Nordic Journal of African Studies*, Vol. 15, No. 2, 2006, pp. 199-205.

③ P. Krishna Reddy, R. Ankaiah, " A Framework of Information Technology - based
Agriculture Information Dissemination System to Improve Crop Productivity", *Current Science*,
Vol. 88, No. 12, 2005, pp. 1905-1913.

④ Ivan S. Adolwa, Peter F. Okoth, Richard M. Mulwa et al. , "Analysis of Communication
and Dissemination Channels Influencing the Adoption of Integrated Soil Fertility Management in
Western Kenya", *Journal of Agricultural Education & Extension*, Vol. 18, No. 1, 2012, pp. 71-86.

向农业知识和信息系统（AKIS）以及近年来的农业创新系统（AIS）转变①。大不列颠北爱尔兰农业研究理事会联合农业部、渔业和食品部开发了作为管理工具的农业信息系统，便于及时描述与当前有关的农业状况且提供该农情应急采取的行动②。国外学者讨论了农业信息化背景下各类农业传播通道系统对农村经济社会发展中的应用情况。

　　农业信息传播是农民从中受益的重要渠道与平台，运用适当的技术促进农业信息传播有助于农民即时有效地接收农业信息从而帮助农民获益。目前农村经济发展强调借助互动推广服务以满足农民对信息的强烈需求，便于农民及时了解农作物生长情况以及种子、化肥、农产品等瞬时市场价格，远程呼叫农业科技专家等。在肯尼亚、尼日利亚、坦桑尼亚和赞比亚等国家或地区，手机已普遍应用于寻求农业技术推广指导和咨询服务。肯尼亚农民可以通过使用手机连接气象站及保险公司来投保种子、化肥以应对恶劣天气种植农作物的投资风险。乌干达开发和部署基于智能手机的移动应用程序来实现在农业信息传播中卫生、气象、农业提示及农业市场等方面的即时建议。菲律宾农业推广计划通过手机短信提供农民肥料的使用建议。Jenny C. Aker（2010）专门对尼日尔的移动电话和农业市场关系展开实证调研，探讨手机覆盖率与农产品价格之间的波动关系，证实手机影响市场层面的最大成果是在于寻找成本的大幅降低③。印度的古吉拉特邦农民用手机来控制灌溉，远程监控和远距离灌溉水泵机组间的智能切换④。

　　另外，国外农业信息传播领域里的实证研究相对较多。

---

① A. Ponniah, R. Puskur, S. Workneh et al., "Concepts and Practices in Agricultural Extension in Developing Countries: A Source Book", *International LivestockResearch Institute*, 2008.

② E. Fell, "ARCIS: an Agricultural Research Current Information System", *Aslib Proceedings*, 2013.

③ Jenny C. Aker, "Information from Markets Near and Far: Mobile Phones and Agricultural Markets in Niger", *American Economic Journal Applied Economics*, Vol. 2, No. 3, 2010, pp. 46-59.

④ M. A. Kashem, "Diversified Use of Mobile Phones by the Farmers in Bangladesh for Receiving Agricultural Information", *Journal of Global Communication*, Vol. 7, No. 2, 2014, p. 112.

W. J. Potter & K. Riddle（2007）调查显示，在 1993—2005 年传播核心期刊上发表的文章，有 32%使用调查法，28.8%使用实验法[①]。S. Mittal & G. Tripathi（2009）认为使用移动网络可以有效缓解农业领域信息不对称和农业科技落后的现状，从而提高农业生产效率并获得高收入[②]。A. Das，D. Basu & R. Goswami（2012）通过对印度西孟加拉邦的实证研究，发现手机用户有效接受农业科技与市场信息可以增加农业产量[③]。P. K. Reddy & R. Ankaiah（2008）认为建立农业信息传播系统的主要目标就是通过提高农业生产效率和减少农业生产成本来提高农民的收益率[④]。

全世界各国农民都在逐步开始从使用传统的传播媒介转向以使用手机、互联网为代表的新媒体技术。随着传媒技术的改进、智能终端设备的普及和农业信息传播环境的变革，有关农业信息传播的研究也在逐年增多。这些研究为农业信息传播体系的研究提供了丰富的素材，为农业信息传播体系的重构提供了具体的研究支撑。

（三）对现有研究的评价

传播学诞生以来，经典传播学家就开启了传播与发展中国家传播事业的研究。但在国内，传播与农村发展的研究仅 30 多年的历史。目前国内外学者对媒介与农村社会发展和农业信息传播的研究相对不足，此议题是以问题为导向的冷门领域，这与当前农业现代化、信息化等现实发展极不协调。

国内外关于农业信息传播体系的研究不深入，特别是结合中国农

---

① W. J. Potter and K. Riddle，"A Content Analysis of the Media Effects Literature"，*Journalism and Mass Communication Quarterly*，Vol. 84，No. 1，2007，pp. 90–104.

② S. Mittal and G. Tripathi，"Role of Mobile Phone Technology in Improving Small Farm Productivity"，*Agricultural Economics Research Review*，Vol. 22，No. 2009，pp. 451–459.

③ A. Das，D. Basu and R. Goswami，"Accessing Agricultural Information through Mobile Phone：Lessons of IKSL Services in West Bengal"，*Indian Research Journal of Extension Education*，Vol. 12，No. 12，2012，pp. 102–107.

④ P. K. Reddy and R. Ankaiah，"A Framework of Information Technology-based Agriculture Information Dissemination System to Improve Crop Productivity"，*Current Science*，Vol. 88，No. 12，2008，pp. 1905–1913.

村传媒环境变革的新型农业信息传播体系研究甚少，亟须加强这方面的研究。现有的文献研究总体上呈现出比较零散的状况，农业信息作为生产资料参与农业生产过程后，在现代传媒技术广泛发展的今天，在互联网、移动互联网等新型媒介形式的普及等多种背景下，尚未形成较为完善的研究体系。

具体表现在以下四个方面：（1）研究取向上，对于"信息传播技术如何促进农业信息传播与农民发展"问题，国内外传播学、农业推广学、社会学的研究者尚未形成统一共识，而"四化"融合背景下强调的正是通过信息化的手段解决农业现代化和农民发展过程中的相关问题。（2）研究内容上，整体来看多侧重于以传统媒介技术为核心的农业信息传播活动，而在如何使用现代传媒技术，特别是现代信息传播技术手段，包括移动互联网在内的新媒体技术应用于农业信息传播的成果较少，很少涉及农业信息传播体系的研究。（3）研究方法上，理论演绎与实证研究泾渭分明。以往对于西北地区农业信息传播的研究多以思辨与直观认识为主，对于西北地区农业信息传播现状的经验数据匮乏，关于西北地区农业信息传播体系重构策略的研究缺乏从历史发展结合现状分析的视角，也鲜有对农民信息意识及其接受信息传播方式的调查数据。（4）研究前瞻性上，对于探讨农业信息传播体系重构，呈现出了不同学科背景的研究者们共同关注的局面，但研究成果较少，对实践的指导作用更少。综上所述，在整个社会信息化背景下媒介融合进程中，对农业信息传播体系的理论与实践问题缺乏系统、深入和本土化的研究。

四　研究内容、思路与方法

（一）研究内容

本书以西北地区农业信息传播体系的重构为核心议题，主要内容包括：

第一，通过文献梳理了解农业信息传播体系的相关研究。包括对国内外农业信息传播体系的概念描述、研究方法、现状和问题、重构策略等几个方面，最后对现有文献进行评价。在借鉴以往相关概念的基础上对本书的基本概念进行操作化界定，并梳理本书的理论基础。

第二，农业信息传播体系的理论模型构建。在乡村振兴战略、农业现代化和农业信息化的多重背景下，在借鉴马克思主义相关理论、传播学相关理论、系统科学理论、农业信息化理论、图论与基因重组理论的基础上，从农业信息传播体系的要素、结构模型与重构模型构建本书的理论模型，找出重构农业信息传播体系的理论依据。

第三，通过文献梳理了解我国农业信息传播体系的建设进程，整体上分析其特征趋势，借鉴国外体系建设的先进经验，为重构西北地区农业信息传播体系提供参照系。

第四，根据社会调查，考察西北地区农业信息传播的现状与特征，包括农村传媒环境、农业生产生活中农民应用农业信息的状况、农民群体媒介接触情况，以及农业信息对农民群体在观念、行为等方面的影响，为重构面向农业现代化和农业信息化的农业信息传播体系奠定基础。

第五，根据前边章节对历史与现状的考察，描述我国农业信息传播体系存在的问题，并分析造成这些问题的深层次原因。

第六，重构与西北地区经济社会发展和传媒环境相适应的农业信息传播体系。在理论模型构建、国内外经验借鉴、实证调研分析、问题及成因分析的基础上，在马克思主义相关理论、系统科学理论、传播学理论等指导下，提出内部传播系统和外部保障系统的农业信息传播体系重构思路与策略。

（二）研究思路

围绕西北地区农业信息传播体系重构的核心议题，本书从理论和实践两个层面展开研究。理论层面来讲，主要探讨农业信息传播体系的理论模型，包括农业信息传播体系的要素结构模型与重构模型。实践层面来讲，通过文献梳理与实证调查，梳理我国农业信息传播的建设进程，借鉴国外先进经验；考察西北地区农业信息传播的现状与特征；描述农业信息传播体系的问题及成因；最后提出重构西北地区农业信息传播体系的策略。本书拟解决的关键问题有两个：一是构建农业信息传播体系理论模型，二是提出农业信息传播体系的重构思路与策略。

西北地区农业信息传播体系的重构属于较为宏观层面的研究，因而需要西北四省微观层面的数据调研做支撑，如果只停留在经验层面，不以先进的理论为指导，进行系统深入探讨，就会觉得肤浅，指导实践的意义甚小。基于上述思考，本书采用理论研究与实际分析相结合的思路，采用文献分析学与数学建模、历史分析学与社会调查相结合的研究方法，对农业信息传播体系的理论模型、建设进程与国际经验、现状与特征、问题及成因、重构思路与策略等一系列问题进行全面系统研究。

本书的技术路线见图 1-1。

（三）研究方法

1. 文献分析法

文献分析法是根据研究的主要目的和研究的实际需要，通过查阅文献来获得相关资料，全面准确地了解所要研究的问题，找出研究问题的基本逻辑，从现有研究中发现问题的一种研究方法。通过查找大量的学术文献，并对文献进行阅读、归类、分析和整理，了解当前农业信息传播体系研究的相关问题，明确存在的主要问题以及值得借鉴的经验从而为后续研究提供必要的准备。

2. 历史分析法

历史分析法是运用发展、变化、动态的观点分析客观事物和社会现象的一种方法。通过对有关研究对象历史资料进行科学分析，说明在历史上是如何发生的，又是如何发展到现在状况的，实质上就是打通历史与现实的连接，现状是从历史发展演变而来。本书通过历史分析法沿着媒介与农业发展的维度分析了媒介技术与农业信息传播的发展演变过程，目的是要搞清楚农业信息传播体系形成的过程以及存在的问题与特征，揭示其未来的发展趋势。

3. 社会调查法

社会调查法是有目的、有计划、系统地收集关于研究样本相关有用的数据。为确保数据的有效性与真实性，本调查前期进行了小范围的预调查，然后在预调查基础上进行修改，最后正式调查。本书选择

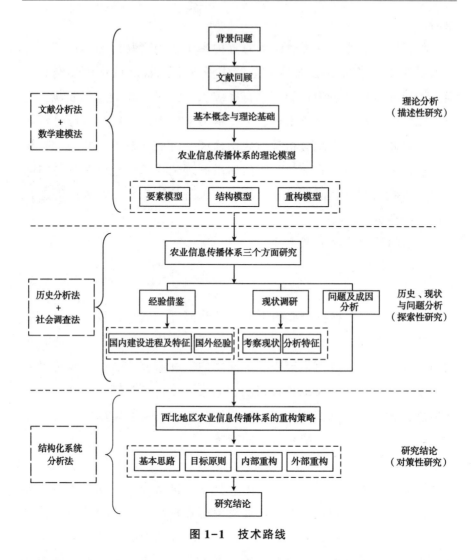

图 1-1　技术路线

陕西省渭南市大荔县、宝鸡市凤翔县、汉中市西乡县、延安市宜川县，甘肃省张掖市甘州区、武威市民勤县，宁夏回族自治区固原市原州区和青海省海东市民和回族土族自治县，四省（自治区）八县（区）共 1650 位农民作为调查样本，实际回收有效问卷 1561 份。主要包括对农业信息重要程度的认知、在农业生产生活过程中对农业信息的关注程度、获取各类农业信息的有效途径、接触和拥有媒介的基本情况、对信息的信任程度等。了解农业信息传播对农民的影响状况，包括对农民观念、行为层面的影响。在获得调查数据之后，结合多种统计分析方法对数据资料进行分析，包括描述统计、相关分析、回归分析等，从实证的视角分析农业信息传播的现状以及各变量之间的相互关系，得出了农业信息传播现状方面的相关结论，为后续重构农业信息传播体系奠定基础。

4. 数学建模法

数学建模法是通过对实际社会运行系统的观察，在忽略次要因素的基础上，用数学、物理或生物学的方法对实际社会运行系统进行抽象性概括，从而获得对实际社会运行系统的简化近似模型。模型同实际社会运行系统的功能与参数之间具有相似性和某种映射关系。本书基于图论思想和基因重构模型原理与方法，构建反映农业信息传播体系的要素结构模型和重构模型，用此来分析我国农业信息传播体系的本质及规律。

5. 结构化系统分析法

根据系统科学理论的观点，农业信息传播体系是一个多层级的系统，体系的层级性特点决定了对农业信息传播体系的研究必须借助于结构化系统分析方法。对涉及农业信息传播体系中内部传播系统的四个要素和外部保障系统的四个要素进行系统分析，解析农业信息传播体系的运行机制并提出重构西北地区农业信息传播体系的具体策略。

五　小结

"三农"问题是关系到我国全面建成小康社会与现代化全局的重大问题，推进并加快现代农业建设是全党工作的重中之重。目前我国农业信息传播领域仍然存在诸多问题，农业传播体制也有待改革。在国民经济快速发展的今天，农业正处于转型的关键时期。构建一个与农业发展国情相适应、充分满足现代化发展要求的农业信息传播体系，是发展现代农业、解决"三农"问题的必然要求。这需要我们厘清相关概念，紧密联系理论知识，提高认识，理清研究思路，联系实际，认真做好调查研究，通过剖析现存问题及挖掘背后诸多制约因素，探索并创新农业信息传播体系建设的思路，期待在现存农业信息传播体系上做出一些新的调整和变革，实现农业现代信息传播体系的系统性转变。

　　本部分内容对国家实施乡村振兴战略和农业现代化战略以及对传媒环境深刻变革的现实和农民实现全面自由发展等时代背景和社会背景做一番梳理，将农业信息传播体系的重构置于经济社会快速发展的环境中，介绍了研究的背景。在此基础上拟定了讨论的主要议题和内容，明确了研究的重难点和研究目标，从学术价值和应用价值的角度出发系统阐述了本次研究的意义。通过分析国内外对农业信息传播体系的概念描述、研究方法、现状和问题以及农业信息传播体系重构思路与策略、方法等研究情况，方便更好地把握本领域的研究动态和前沿理论，从研究取向、研究内容、研究方法以及研究前瞻性等多角度对现有研究成果进行综合评价，在历史发展轨迹和现实时空条件下寻找合适的切入点，为我国农业信息传播体系的重构研究寻求新的突破口。

　　根据梳理前期的研究成果，结合马克思主义相关理论、系统科学理论、传播学理论等，立足我国的基本国情，确定以西北地区农业信息传播体系的重构为核心议题，明确了研究内容，主要包括：通过文献梳理了解农业信息传播体系的相关研究、探讨农业信息传播体系的理论模型、了解我国农业信息传播体系的建设进程、重点考察西北地区农业信息传播的现状与特征、总结我国农业信息传播体系存在的问题和分析造成这些问题的深层次原因、重构与西北地区经济社会发展和传媒环境相适应的农业信息传播体系。基于上述思考，从理论和实践两个层面展开研究，提出采用理论研究与实际分析相结合的研究思路，采用文献分析法、历史分析法、社会调查法、数学建模法、结构化系统分析法相互融合的研究方法，确保数据的科学性和结构的严谨性，对农业信息传播体系的理论模型、建设进程与国际经验、现状与特征、问题及成因、重构思路与策略等一系列问题进行全面系统研究，为后续的深入研究提供良好的支撑。

第一章

农业信息传播体系的基本概念及理论基础

第一节　基本概念界定

本章在借鉴他人概念的基础上，对农业信息传播体系的相关概念进行界定。只有厘清了概念，才能进一步对农业信息传播体系的理论模型、历史与现状、问题与原因、重构思路与策略等进行系统深入研究。

一　系统和体系

关于系统的定义较多。贝塔朗非（1981）认为系统是处于一定相互关系并与环境发生相互作用的各组成部分（元素）的总体①。钱学森（1982）主张把复杂的研究对象放置在一起称为系统，指由相互作用和相互依赖的若干组成部分相结合、具有特定功能的有机整体②。冯瑛（2003）认为从结构上来看是一个系统，从功能上来看是一种机制③。韩儒博（2013）认为系统是由相互联系、相互作用的元素组成的具有特定结构和功能的有机整体④。

不同学科对"体系"这一概念的理解有所不同。《辞海》对"体系"的解释是，若干相关事物互相联系、互相制约而构成的一个整

---

① ［奥］路·冯·贝塔朗菲：《普通系统论的历史和现状》，王兴成译，《国外社会科学》1978 年第 2 期。

② 钱学森：《论系统工程》，湖南科学技术出版社 1982 年版，第 10 页。

③ 冯瑛：《湖北农业科技传播体系的社会学研究——对宜昌市两个农村社区农业科技传播体系的实证研究》，硕士学位论文，华中农业大学，2003 年。

④ 韩儒博：《创新模式研究及其国际比较》，博士学位论文，中共中央党校，2013 年。

体，如理论体系、语法体系、工业体系。《现代汉语大词典》对"体系"的解释是，若干有关事物或思想意识互相联系而构成的一个整体。百度百科对"体系"的解释是，指特定范围内或同类事物按照一定的秩序和内部联系组合构成的整体，是不同系统组成的系统。韩儒博（2011）认为层次多于一层的系统也叫体系①。本书在韩儒博关于体系概念的基础上，认为体系是元素及其所属系统间有机组成的整体。体系本质上是多层级的复杂系统，体系包括众多子系统。

二　传播体系

传播体系，又称传播系统，是指与传播活动相关的各个要素相互联系、相互制约而形成的有机整体。黄家章（2010）认为传播体系除传播系统包括的几个要素之外，还包括保障传播活动正常运行的软硬件环境，如理念、政策、制度等②。对传播系统的构成要素有三要素说、四要素说③、五要素说④、六要素说等不同的说法。宋建武（2014）认为现代传播体系是现代传播关系与现代传播手段和渠道的结合，其实质也是一种"人—机"过程。借助上文韩儒博关于体系的解释，本书认为传播体系是指由多层级的传播系统和其他要素相互联系、相互制约而构成的有机整体。

三　农业信息传播体系

（一）农业信息传播体系的界定

当前学术界关于农业信息传播体系的界定尚未达成共识，没有形成统一的概念。产生这种现象的原因主要有以下几方面：一是关于系统和体系的认识存在分歧，造成对传播体系和传播系统概念的不同理

---

① 韩儒博：《系统与体系》，《今日科苑》2011 年第 8 期。

② 黄家章：《我国新型农业科技传播体系研究》，博士学位论文，中国农业科学院，2010 年。

③ 南国农、李运林：《教育传播学》，高等教育出版社 2005 年版，第 46 页。

④ ［英］丹尼尔·麦奎尔、［瑞典］斯文·温德尔：《大众传播模式论》，祝建华、武伟译，上海译文出版社 1997 年版，第 16 页。

解；二是不同研究者研究能力不尽相同，导致看法迥异；三是研究者较少从系统论角度出发研究农业信息传播体系。本书试图对农业信息传播体系给出一个操作化的定义。前期通过文献检索，将与农业信息传播体系有着紧密联系的农业信息服务体系、农业科技传播体系、农业技术推广体系等几组概念总结归纳，并与"农业信息传播体系"概念进行比较。见表1-1。

表1-1 　　　　　　　　　**与农业信息传播体系相关的几组概念梳理**

相关概念	内涵	与此概念的关系
农业信息服务体系	农业信息服务体系是指从事农村信息服务工作的组织机构、人员、信息基础设施、信息资源及必要的信息技术等要素构成的一个整体①。 农业信息服务体系是指以发展农业信息化为目标，以农业信息服务主体提供各种信息服务为核心，按照一定的运行规则和制度所组成的有机体系②。 农业科技服务体系是指由服务于农村生产生活的各行业、部门、组织、集团等组成的农村科技服务综合系统，按照服务方式可分为农业科研、农业教育、农业技术推广三个体系③。 农业信息服务体系是集成了农业信息资源、农业信息服务参与者、政策法规及运行机制、信息基础设施、信息技术等要素构成的一个有机整体④。 农业信息服务体系是一个包含多元化信息服务主体、服务客体、服务渠道、服务内容、服务的利益分配机制以及服务的支撑与保障体系的，以实现农业信息通畅有效服务为目标的，各组成部分相互作用、相互联系的一个有机整体⑤。 农业信息服务体系是信息服务主体通过大众传播、组织传播及人际传播等渠道，采集、加工、处理、传输、发布与农业相关的生产、销售、服务信息，向信息需求者及时、准确、快速地传播各种农业信息，帮助农业生产者、经营者和管理者解决其所面临的难题，并在此服务内容的基础上，按照一定的规则和机制组成的运行体系⑥。	不同之处在于此概念更接近于本书界定概念的外部保障系统，涉及人员、资金、技术、法律、政策、体制、机制等。为农业信息传播体系的建立和运行提供保障，研究"怎么做"的问题，侧重于信息服务主体如何提供信息服务。

① 薛亮、刘明：《农业信息化》，京华出版社1998年版。

② 李应博：《我国农业信息服务体系研究》，博士学位论文，中国农业大学，2005年。

③ 崔永福：《中国农村科技服务体系良性运转的障碍因素分析》，《中国农村小康科技》2008年第11期。

④ 何志勇、蔡乐才、李红婵：《农业信息服务体系研究》，《四川理工学院学报》（自然科学版）2009年第6期。

⑤ 杜华章：《江苏省农业信息服务体系建设研究》，《北京农业职业学院学报》2011年第1期。

⑥ 孙玉肖、闫莹：《山西农业信息服务体系建设的SWOT研究》，《科技管理研究》2013年第1期。

续表

相关概念	内涵	与此概念的关系
农业科技传播体系	农业科技传播体系特指运用人际传播、组织传播、大众传播进行农业科学技术、科学方法、科学思想、科学精神的传播或推广普及而形成的社会传播系统以及它的运行机制①。 　　农业科技传播体系是指运用现代传播学的理论与方法进行农业科学技术、科学方法、科学思想、科学精神的传播或推广普及而形成的社会传播系统以及它的运行机制②。	隶属于农业信息传播体系，该体系主要传播农业科技信息，是农业信息当中最重要的信息之一。
农业技术推广体系	农业技术推广体系是指通过试验、示范、培训、指导以及咨询服务等，把农业技术普及应用于农业生产前、产中、产后全过程的活动（中华人民共和国农业技术推广法，1993）。 　　从广义上来讲，农业技术推广体系是由技术供给单位、技术推广服务组织和技术需求主体所组成的一个有机整体③。	农业技术推广体系是农业信息传播体系的一种形式。

农业信息传播体系是指由政府、媒体、社会组织和个体等构成的复合主体围绕农业、农村、农民的信息需求，通过传统传播渠道与现代传媒技术向受传者传播农业信息的内部传播系统和由政策、法规、体制、机制等外部保障系统组成的互相联系、互相制约的有机整体。农业信息传播体系是由内部传播系统和外部保障系统组成，内部各构成要素可看成其子系统，它们之间相互依存、相互制约、协同发展，包括传播者、农业信息、传播媒介、受众四个子系统，而传播者系统与受众系统又构成了传播主体系统；外部保障系统包括政策、法规、体制、机制等运行规则要素，这些要素因农业信息的传播活动而组成一个有机整体——农业信息传播体系。

农业信息传播体系重构的目的在于，形成一个国家统筹规划，在马克思主义相关理论、传播学理论、系统科学理论、农业信息化理论、图论、基因重组理论等多学科理论指导下，利用传统传播渠道和现代传播技术，建立中央、省、市、县、镇五级联动的以政府为主

---

① 冯瑛：《湖北农业科技传播体系的社会学研究——对宜昌市两个农村社区农业科技传播体系的实证研究》，硕士学位论文，华中农业大学，2003 年。

② 黄家章：《我国新型农业科技传播体系研究》，博士学位论文，中国农业科学院，2010 年。

③ 朱方长：《我国新型农业技术推广体系的制度设计》，博士学位论文，湖南农业大学，2009 年。

导、坚持以农民为中心、社会广泛参与、农民获益的社会信息运行系统。通过资金、人才、技术、信息、资源等多要素协同发展，按照信息传播和市场运作的一般规律，推动技术先进、覆盖面广、传播快捷、内容系统的现代农业信息传播体系完善和发展，进而实现农民增收、农业增产、农村发展，实现农业信息化带动农业现代化，最终服务于农民发展。

（二）农业信息传播体系的特点

依据上述关于系统和体系、传播体系、农业信息传播体系概念的界定，本书认为农业信息传播体系呈现六个方面的基本特点：

一是目的性[1]，农业信息传播体系的建立是为了完成农业信息传播的根本目标，协助解决"三农"问题，促进农业增产、农村发展、农民增收，最终实现农民自由全面发展与农业现代化。

二是集合性，农业信息传播体系由内部传播系统和外部保障系统组成。内部传播系统是由众多传播者、多种传播信息、多种传播渠道和不同的受众群体等要素构成；外部保障系统是由传播政策、传播法规、传播体制、传播机制等要素构成。

三是系统性，各级各类元素有序构成一个有机整体，农业信息传播体系具有整体的时空条件，体现系统的特性、系统的状态和系统的功能。

四是相关性，构成体系的各个要素围绕"三农"信息需求总任务相互制约又相互联系，相互协调促进农业信息传播体系有序运行。

五是层级性，构成体系不同层次的子系统或元素之间经过交互联系而涌现出系统的新特性，体系具备层级性的特征。

六是环境适应性[2]，农业信息传播体系是一个开放的动态运行过程，存在于整个社会运行环境中，必须适应外部环境的变化。不断地与外部世界有效交互，吸收能量自我完善。随着媒介技术、国家政策、传受主体信息素养等的变化，农业信息传播体系随之也发生变

---

[1]　沈进程：《公共管理理念下政府信息传播体系初探》，硕士学位论文，吉林大学，2011 年。

[2]　宋原放：《简明社会科学词典》，上海辞书出版社 1985 年版，第 490 页。

化，最终形成一个自适应的、完善的社会信息系统。

（三）农业信息传播体系的功能

《辞海》对"功能"的解释是功效、能力、作用。系统论对"功能"的解释是某一系统（体系）对他系统（体系）发生关系时做功的能力。而哲学上的解释是构成要素经过结构组合之后与环境相互联系时所表现出来的属性、能力和作用。一般意义上来讲，体系的功能就是指具有特定要素和结构的系统在内部与外部联系中表现出来的特性和能力①。

农业信息传播体系的功能，即农业信息传播体系的作用，是指农业信息传播实践过程中对诸要素所具有的基本价值和作用，即农业信息传播体系能干什么的问题，对用户有哪些方面的帮助？Papacharissi & Rubin（2000）认为用户使用新媒介有五大动因：人际交流，获取信息，生活便利，消磨时间，娱乐②。农业信息传播体系是一个多要素构成的有机统一整体，具有整体性特征。农业信息传播体系的功能并不是各个部分的简单叠加。总体上来讲，农业信息传播体系具有四大功能，其中有两个主要功能：一是传播农业信息，二是满足信息需求。其他功能都是在主要功能基础上衍生出来的。

1. 传播农业信息

农业信息传播体系具有多种传播功能与作用，但其最根本的目的和功能就是向"三农"传播农业信息，以适应现代社会对"三农"的需求。农业信息传播是关于农业信息特殊的信息传播活动，呈现机构多、人员杂、技术先进、传播过程复杂等特点。但农业信息是传播的内容，部分内容是农村生产生活中的基本需要，特别是在农业现代化进程中，它如同农业生产资料一样，是人类农业生产生活中不可或缺的资源，能够有效减少农业生产生活的不确定性。进入信息社会以后，人类社会的进步和发展就是依靠信息解决社会各方面问题取得进

---

① 徐丽芳：《科学交流系统的要素、结构、功能及其演进》，《图书情报知识》2008年第11期。

② Zizi Papacharissi, Alan M. Rubin, "Predictors of Internet Use", *Journal of Broadcasting and Electronic Media*, Vol. 44, No. 2, 2000, pp. 175-196.

步的过程，人们可以利用信息来感知世界、认识世界和改造世界，其实也是人们利用信息、积累信息和完善信息的过程。同样农业信息也是改造农业生产生活的有力武器。

农业信息传播体系中的不同媒介与渠道具有不同的传播特征，各具优劣，适合传播不同的农业信息。比如电视以其视听兼备的形式，具有形象、直观、易懂等特征，可以有效传播农民需要的各类农业信息，能以图文并茂的方式呈现给农民所需的科技类信息，化抽象为直观，便于农民理解和学习。另外，电视具有权威性的特征，可以发布重要的市场销售信息、天气气象信息等内容。与此同时，电视缺乏互动性，难以满足个性化信息需求。互联网等新媒体可以传播多种视听信息符号，具有快捷、交互性等特征，易于传播"三农"急需的信息，但互联网传播内容的真实性又需要辨别。因此，需要综合各类传播媒介与渠道的优缺点，发挥各自的特征来传播"三农"所需的农业信息。

2. 满足信息需求

以往的农业信息传播实践活动主要是自上而下的为农民传播信息，但随着农民对社会的进一步了解和农民自身素质的提高，对信息的需求日益变得复杂起来。传统的报纸、广播、图书、电视等媒介无法有效地与农民进行互动，这是传统传播媒介的先天性缺陷，而合作社、农业技术推广机构等其他一些传播渠道可以与农民进行有效互动，但是由于人员、经费、保障机制等不够完善，这类渠道传播效果也不理想。因此，农民与传播者的有效沟通受到了一定程度上的限制。

随着传播主体认识的深入和传播技术的不断变革，互联网与移动互联网的出现使得传播者与受众的互动有了可能。新型农业信息传播体系需要发挥各种传播媒介与渠道的优势，做到优势互补、相互协作，共同完成传播农业信息的任务。但当前的农村现实环境中由于一般农民信息素养需要进一步提高，不是所有农民都能够通过媒介与传播者有效互动。所以，在当前农业信息传播实践中，需要强化职业农民或精英农民与传播者的有效沟通与互动，通过满足他们的信息需求，从而带动更多的农民接触信息。在农村，精英农民或职业农民充当了把关人的角色，他们可以将信息传播给更多的普通农民，也可以将普通农民的信息需求收集起来与传播者通过新媒体等传播渠道进行有效互动。

3. 普及科技知识

知识是一个宽泛的概念，包括内涵丰富的各类知识，对于农业生产来讲，特别是现代农业生产来讲，科技知识是开展现代农业的重要保障。马克思也认为，科技是提高农业劳动生产率的重要因素。知识是系统化了的信息，通过农业信息传播体系进行有效传播。新技术、新产品、新品种等科技信息的传播能够指导农民有效改进农业生产。农民关于知识的积累、交叉、融合也可以产生新的信息，创造本土化的农业信息，满足自身的农业生产实践。

随着农业工业化和信息化融合进程的加速，科技知识在现代农业生产生活中的地位和作用日益凸显。农业信息传播体系能够有效地向农民群众普及农业科技知识，提高农民的科学文化素质，鼓励农民在农业生产生活中应用新技术、新品种。在农村地区的创新扩散活动中，科技知识的普及要通过媒介的传播和职业农民或精英农民的带动来共同完成。

4. 服务农民生活

从信息服务的角度来讲，农业信息传播活动是一项服务活动。做好农业信息传播活动，要树立强烈的受众意识和服务意识。认识受众群体在农业信息传播过程中的地位和作用，只有了解受众特征、农村文化、"三农"需求等，才能更好地使农业信息传播服务于"三农"，产生良好的经济效益和社会效益。

增强农业信息传播的服务功能是一项长期坚持的事业。农业信息传播服务涉及农民日常生活的方方面面，主要包括四类。生活服务类：衣、食、住、行信息，如日用百货、家用电器的新产品。农业科技类：农业生产中的化肥、新品种、新技术等相关信息。生活咨询类：气象、交通、物价、社保、医疗等信息，还有特殊农产品信息和农业生活当中的基本用品市场信息等。反馈问题类：媒体具备舆论监督的功能，依靠大众媒体监督农村社会，有效解决农村生产生活中存在的各种问题。

提供文化娱乐也是农业信息传播体系的重要功能之一。文化娱乐是人类在社会生活中不可或缺的部分。文化娱乐是农民生产之外的重要活动之一，农民可以借助于大众媒体和互联网、移动互联网的娱乐功能进行文化娱乐活动。文化娱乐信息要体现趣味性、欣赏性、幽默性等特征。

第二节　农业信息传播体系的理论基础

对于相对成熟的研究议题，可以通过已有的理论与模式进行更加深刻的讨论。对于农业信息传播体系的研究涉及诸多学科理论，主要包括马克思主义相关理论、传播学相关理论、系统科学理论、农业信息化理论、图论与基因重组理论等。农业信息传播体系的理论基础主要指在整个研究过程当中，必须要坚持基本理念、视角、方法和遵循的基本原则、基本依据。

一　马克思主义相关理论

（一）马克思关于人的发展理论和社会发展理论

马克思最早提出人的全面发展概念是在《1844年经济学哲学手稿》中，而在《德意志意识形态》中首次正式使用"个人的全面发展"概念，明确提出人的全面发展理论。人的全面发展理论是马克思继承并发展人本哲学思想和古典哲学家康德、黑格尔历史发展规律性思想等基础上提出来的。马克思思想的旨趣是人的解放和全面发展，人的全面发展理论是马克思学说的核心组成部分[1]。人的全面发展就是"人以一种全面的方式，也就是说，作为一个完整的人，占有自己

---

① 吴向东：《论马克思人的全面发展理论》，《马克思主义研究》2005年第1期。

的全面的本质"①。人的全面发展就是人的体力和智力的充分、自由、和谐发展，具体科学内涵至少包括四个方面：一是个人关系的普遍性发展；二是个人关系的全面性发展；三是个人需求的全面发展；四是个人能力的全面发展②。马克思、恩格斯认为农民是一个具有两重性的阶级，必须对他们的落后性进行改造，发挥农民进步的一面，使其向适应人类社会发展的方向转变③。农民发展是农村经济社会发展的实践归宿与最终目标。

人是社会发展的主体，是一个在历史进程中不断生成与完善的主体，是社会发展的基本动力与终极目标。社会发展的核心任务是促进人的全面发展，社会发展不过是人的发展的外在表现形式，人的发展和社会发展问题始终是人类关注的重心，人的发展与社会发展相互促进而共同发展，人的发展与社会发展具有内在一致性。马克思指出："社会本身"也就是"处于社会关系中的人本身"。陈晓莉（2006）认为新农村建设目标中包含了农民的全面发展，强化和保障了农民的主体性，必须要加快农民的全面发展，研究发现，农民自由而全面发展是新农村建设的最高价值④。马克思的人的全面发展理论告诉我们要不断丰富、充实和完善农民需求，树立农民主体性思维，把通过解放农民和发展农民作为当前我国农业现代化建设的基本价值取向。

按照马克思的观点，人的需求的全面性和丰富性，推动着人的发展的全面性。农民通过交往与传播者产生有价值的互动，满足了农民丰富的信息需求，在互动与满足中农民完善了自己的知识体系，提高了应对现实世界的实际能力。农民能够更好地参与生产生活和人类的再生产活动，推动着人的发展和社会发展。人的发展和社会发展就是在不断交替中完成和完善的。

以人为本是中国化马克思主义的基本观点。以人为本植根于丰富的中华传统民族文化之中，又在中国共产党的理论创新和社会发展中

---

① 《马克思恩格斯选集》（第 1 卷），人民出版社 1995 年版，第 85 页。

② 孙旭：《马克思关于人的全面发展理论研究》，硕士学位论文，复旦大学，2010 年。

③ 《马克思恩格斯选集》（第 4 卷），人民出版社 1972 年版，第 298 页。

④ 陈晓莉：《农民全面发展的理论与实践探析》，《攀登》2006 年第 12 期。

得到了完善，被赋予马克思主义的新内涵。党的十七大报告对"以人为本"的科学内涵和精神实质做出了明确阐述，必须坚持以人为本。尊重人民主体地位，发挥人民首创精神，保障人民各项权益，走共同富裕道路，促进人的全面发展，做到发展为了人民、发展依靠人民、发展成果由人民共享①。以人为本的科学思想意义深远、内涵丰富，主要蕴含以下重要思想：发展的主体是人民群众；发展的动力是人民群众的需要；发展的尺度是人民群众需要满足的程度；发展的目的是最大限度地满足人民群众的物质文化需要，发展的终极目标是为了人的全面发展②。在农业信息传播过程中必须坚持以农民为本的指导思想。

马克思关于人的全面发展理论和社会发展理论在当代中国，特别是对于围绕农民的研究，具有特别重大的指导意义。其一，构建农业信息传播体系最重要的目的就是要满足其发展的需求，促进农民的全面发展；其二，现阶段我国农民的全面发展需要依靠现代传媒来逐步推进，这就要求现代传媒要构建适合农民全面发展的环境与平台；其三，当前农民的全面发展需要坚持以农民为中心，促进农民增收、农业增产、农村发展的全面协调可持续发展。

（二）交往理论

马克思的交往理论是其创立的具有划时代意义的历史唯物主义的重要组成部分。交往是人的存在方式，交往是物质生产和精神生活的基本需要，交往包括了物质交往和精神交往。马克思、恩格斯曾经指出："一个人的发展取决于和他直接或者间接进行交往的其他一切人的发展。"③交往是人的基本生活方式，是人的社会属性，是人的发展的内在要求，也是人的发展的重要基础和条件。交往促进了人的社会关系的形成和完善，促进了人的主体性与现代性的提升。马克思认

---

① 中共中央文献研究室编：《十七大以来重要文献选编》，中央文献出版社 2009 年版，第 12 页。

② 李慎明：《以人为本的科学内涵和精神实质》，《中国社会科学》2007 年第 6 期。

③ 《马克思恩格斯全集》（第 3 卷），人民出版社 1960 年版，第 515 页。

为："社会关系实际上决定着一个人能够发展到什么程度。"① 人之所以成为社会的人就是在社会关系的形成过程中依靠了交往。

交往理论突显了交往在人的发展和社会发展中的地位与作用。人类社会发展史既是创造和积累人类文明的历史，也是交往媒介发展史和传播关系发展史。媒介与人的发展、媒介与社会发展是相互促进并共同发展的。人如何与媒介相处，决定了人的发展程度与水平②。陈力丹（2008）认为现代社会的人在一定社会关系中才能生存③，而社会关系主要是基于交往媒介形成的。作用于人精神层面的交往媒介在个体的思想观念、价值观念、生活形态、行为表现等方面的作用是显而易见的。交往渗透到人类生活的方方面面，不断促使人各方面能力的形成与发展，是形成人的一切社会关系最重要的渠道之一。

交往或媒介不仅仅是促进人的发展的重要平台和条件，也是促进社会发展的重要范畴，发展传播学是一个有效的视角。N. C. Quebral（1971）指出："发展传播学是指用人类传播的技术和科学使一个国家和其大众引发快速变革，使其从贫困转变到动态的经济增长状态，促进社会公平并发挥人的价值。"④ 交往是社会发展观的基本范畴，是人类社会纵向演进的内在机制和重要表现，是历史向世界历史转变的实现形式和表现形式⑤。杨芳芳（2006）在媒介与社会发展关系的表述中认为，技术再造媒介，媒介推进社会⑥。媒介发展促进社会的发展进步，而麦克卢汉直接把媒介作为社会发展的决定因素。段京肃、段雪雯（2010）认为，农民不仅要拥有媒介终端，还要主动参与传播

---

① 《马克思恩格斯全集》（第 3 卷），人民出版社 1960 年版，第 295 页。

② 刘明合：《交往与人的发展——基于马克思主义的视角》，中央编译出版社 2008 年版，第 4 页。

③ 陈力丹：《精神交往论》，中国人民大学出版社 2008 年版，第 295 页。

④ N. C. Quebral, "Dvelopment Communication in the Agricultural Context（1971）", *Asian Journal of Communication*, Vol. 16, No. 1, 2006, pp. 100-107.

⑤ 李虹、项松林：《交往：社会发展的重要维度——马克思交往理论的思想意蕴论析》，《合肥工业大学学报》（社会科学版）2006 年第 2 期。

⑥ 杨芳芳：《浅谈媒介技术与社会发展》，《理论月刊》2006 年第 6 期。

过程，获得真正意义上的话语权才是极为重要的，最终促进人的自由发展和社会的全面发展①。

在建设全面小康社会与实现农业现代化背景下，大量的现实问题涉及工业与农业、城市与乡村、市民与农民的对话，关系到处理人与人之间的关系，而这些对话与关系永远伴随着信息传播。马克思交往理论告诉我们，交往活动在农民生产生活中显得越来越重要。交往理论为我们分析和认识农业信息传播体系提供了重要的理论支点与方法论指导。

（三）马克思主义农业现代化思想

马克思、恩格斯在农业问题上主要强调了农业的基础地位和提高农业劳动生产率的观点。马克思主义农业现代化思想是在社会主义理论科学化和对资本主义农业深入研究的基础上形成的。马克思依据所处时代的西方国家农业经济状况，认为农业现代化的过程是农业中商品经济替代自然经济的过程，同时农业工业化引发了现代大农业取代小农经济的农业革命。资本主义农业走的是商品化、资本化、工业化和社会化为特征的现代化之路，而社会主义农业现代化要消除城乡差别、工农差别，实现每个个体自由全面发展为目的，建立在土地国有制和生产资料公有制基础上，与工业结合，应用工业技术进行有计划、集体经营的社会化大农业②。加快农业现代化发展是世界各国在现代化建设中的一般规律③。不同制度和不同资源特点的国家在农业现代化道路的选择上是不同的。

农业现代化是国家现代化的重要内容和组成部分，是事关全局发展的重大问题。中国共产党人历来重视农业现代化问题。早在20世纪20年代，以毛泽东等为代表的中国共产党人以马克思主义的观

---

① 段京肃、段雪雯：《乡村媒介、媒介乡村和社会发展——关于大众传播媒介与中国乡村的几个概念理解》，《现代传播》2010年第8期。

② 王丰、蒋永穆：《马克思主义农业现代化思想演进化》，中国农业出版社2015年版，第109页。

③ 韩长赋：《加快农业现代化，努力实现"三化"同步发展》，《求是》2011年第19期。

点和方法研究中国农村的实际问题，在中国农村和农民问题进行深入调研的基础上，形成了一批重量级的成果，继承和发扬了马克思主义农业现代化思想，特别是形成了农业合作化思想。党的十一届三中全会以来，以邓小平为代表的中国共产党人，开辟了社会主义事业发展的新阶段。在农业领域里提出了"两个飞跃"的思想，以家庭联产承包责任制为主的制度在全国农村逐渐得到确立。以江泽民为核心的第三代中央领导集体根据时代特征与我国农村经济社会发展状况，提出了一系列振兴农村、发展农业、富裕农民的新举措。以胡锦涛为核心的第四代中央领导集体高度重视农业现代化问题，提出了建设社会主义新农村的总要求，将"三农"工作作为全党工作的"重中之重"。

党的十八大以来，我国将更加重视现代化建设中的短板——农业现代化问题。以习近平为核心的新一代中央领导集体在对我国"三农"现实科学把握的基础上，提出了从农业现代化、城乡一体化与农民职业化三个方面来深化农业改革与发展。习近平在山东考察时指出，解决好"三农"问题，根本在于深化改革，走中国特色的现代化农业道路，农业现代化主要包括农业生产现代化和农业经营体系现代化①。十八大报告指出，工业化、信息化、城镇化与农业现代化要同步发展。2016 年 7 月，中共中央办公厅、国务院办公厅印发了《国家信息化发展战略纲要》，要求将信息化贯穿于我国现代化进程始终，把信息化作为农业现代化的制高点。

社会主义农业现代化思想包括生产关系、生产力两个方面的内容，从生产关系来看，包括了合作化、集体化、制度化等；从生产力来看，包括了农业机械化、科学化、水利化、化学化、电气化、信息化等，不断用现代农业生产要素改造传统农业生产要素，并具备与现代生产要素相匹配的制度和匹配的农民，以此来提高农业生产率和农业生产力发展水平，实现农业的快速、健康、可持续发展。农业现代

---

① 林星、吴春梅：《习近平"三农"思想分析——基于十八大以来习近平系列重要讲话精神的解读》，《华中农业大学学报》（社会科学版）2016 年第 4 期。

化建设不仅需要农业科技的进步，还需要良好的社会、经济、文化等
环境与服务体系的构建。

二　传播学相关理论

（一）使用与满足理论

使用与满足理论于 1974 年由美国社会学家伊莱休·卡茨等人提
出，该理论坚持从受众出发，认为受众是理性的个体，他们是基于自
身社会心理因素而产生一定的需求，进而主动选择媒介并进行媒介接
触，此行为产生的满足程度再影响下一次媒介的接触行为。这一理论
重点探讨媒介带给人们心理和行为上的效用。使用与满足理论是传播
学中引用次数多、使用范围广的流行理论[1]。使用与满足理论认为人
们通过对媒介积极主动地使用，影响传播的具体过程，并强调使用媒
介完全依赖于个人的需求和愿望。

使用与满足理论应用于"三农"传播领域主要集中于农民的媒介
选择、个体使用与社会交往等方面。农业信息传播体系的目标是服务
于农民发展，该理论为农业信息传播体系的构建奠定了理论基础。
J. G. Blumler & E. Katz（1974）指出个体使用后的满足程度将进一步
强化使用者的后续行为[2]。T. F. Stafford，M. R. Stafford & L. L. Schkade
（2010）以使用与满足理论为框架，对美国在线用户进行调查，发现
他们对互联网的满足主要有三个方面：过程满足、内容满足和社交满
足[3]。强月新、张明新（2007）以使用与满足理论为依据，通过对中
部地区 566 名农村受众的研究，发现农村受众使用电视媒介的动机就
是为了满足信息认知、社会整合、伴随需求和情感娱乐[4]。周舟

---

① 曹钦、原辰辰：《"使用与满足"理论文献综述》，《东南传播》2013 年第 12 期。

② J. G. Blumler, E. Katz, "The Uses of Mass Communications：Current Perspectives on
Gratifications Research. Sage Annual Reviews of Communication Research Volume III", *American
Journal of Sociology*, Vol. 3, No. 6, 1974, p. 318.

③ T. F. Stafford, M. R. Stafford, L. L. Schkade, "Determining Uses and Gratifications for the
Internet", *Decision Sciences*, Vol. 35, No. 2, 2010, pp. 259-288.

④ 强月新、张明新：《从"使用与满足论"视角看我国农村受众的电视收看动机》，
《现代传播》2007 年第 5 期。

（2008）以使用与满足理论来分析农村受众使用农家书屋的动机。研究发现，必须了解受众的动机，有针对性地开展工作，引导和扩展使用行为，满足农民受众需求，才能收到较好效果①。傅海（2011）通过对全国 2700 位农民的媒介接触调查发现，在宏观层面，农民对大众媒介的主体选择性比较突出。在微观层面，农民个人心理因素的不同在一定程度上导致他们对大众媒介实际需要的差异②。周勇、刘晓媛（2011）对农村受众进行了田野调查，认为对农传播要满足农民对乡村媒体的需求，特别是信息需求，从而对媒介建立信任与依赖③。高红波（2013）通过研究 381 位农民对 IPTV 的接触，来探讨农民现代化观念的影响，研究发现农民对新媒体的接触需求必须以技术操作为基础来影响其现代化观念④。陈欢（2015）依据使用与满足理论，构建农村互联网传播体系，认为农村互联网传播体系必须以农民为中心，建立各村的农业传播中心，从农民和农村的角度思考信息化发展，强调环境（自然的、社会的、经济的、文化的、政治的环境）对传播的重要性⑤。"受众是主动的"是学者们研究"使用与满足理论"的核心概念。农民受众依据自己的兴趣与爱好使用不同形式的媒介是基于自己的社会与心理需求，然后激发接触动机，最终获得满足，产生对农民受众认知、观念、思维和行为层面的影响，达到理想的传播效果。

（二）创新扩散理论

创新扩散理论 IDT（Innovation Diffusion Theory）是由美国学者埃

① 周舟：《"使用与满足论"与西部农村书屋受众阅读动机与行为的分析》，《中国出版》2008 年第 4 期。

② 傅海：《中国农民大众媒介的接触、评价和期刊》，《新闻与传播研究》2011 年第 6 期。

③ 周勇、刘晓媛：《农村受众对乡村媒体的使用与满足研究》，《国际新闻界》2011 年第 10 期。

④ 高红波：《新媒体需求与使用对农民现代化观念影响的实证研究——以河南巩义 IPTV 农村用户为例》，《新闻与传播研究》2013 年第 7 期。

⑤ 陈欢：《"使用与满足"理论视野下的农村互联网传播体系》，《长沙大学学报》2015 年第 1 期。

弗雷特·罗杰斯于 20 世纪 60 年代提出①，是最完备、最具影响力的传播学理论之一。该理论是通过媒介劝说人们接受新思想、新观念、新技术、新产品的理论，主要侧重传播对社会和文化的影响。该理论认为一个新的思想观念、技术产品被接受需要经过获知、说服、决定、实施和确认五个过程。技术通过不同的传播渠道逐渐被大众所使用或进一步传播，最终在更大范围内被接受。先期的这些传播者对于技术的传播扩散至关重要。罗杰斯在研究创新扩散时发现，技术在传播与接收的过程中，先后被 2.5% 的创新者、13.5% 的早期使用者、34% 的早期大众、34% 的晚期大众和 16% 的落伍者所接受并采纳，先从容易接受新思想、新技术的受众开始逐渐扩展，是一个循序渐进的传播过程。

　　创新扩散理论对于农业信息、技术、成果的传播无疑指明了方向。学者们广泛用此理论来研究农业信息的传播问题。宋燕平、栾敬东（2005）通过研究农民素质与农业技术扩散的关系，认为我国农民素质不高制约了农业技术的创新与扩散②。张明新、韦路（2006）通过对湖北省 648 位农民移动电话技术的使用与采纳，研究发现，中部农村移动电话的采纳者、潜在采纳者占到 59.6% 和 18.8%，特别探讨了创新传播科技在中西部农村扩散和使用的内在机制③。段鹏（2006）以创新扩散理论为依据，通过对 732 位农民的入户访问，分析了创新扩散理论对于中国贫困地区推广新知识和新技术的适用性。研究发现，新技术的扩散前期依靠大众传播媒介，后期还主要依靠项目推广员、参与者和采纳者等人际传播渠道④。叶明睿（2013）通过对农村地区互联网与个人电脑使用情况，来分析创新技术在农村的使

---

　　① E. M. Rogers, " Diffusion of Preventive Innovations ", *Addictive Behaviors*, Vol. 27, No. 6, 2002, pp. 989-993.

　　② 宋燕平、栾敬东：《农民素质与农业技术创新关系分析》，《科技管理研究》2005 年第 4 期。

　　③ 张明新、韦路：《移动电话在我国农村地区的扩散与使用》，《新闻与传播研究》2006 年第 1 期。

　　④ 段鹏：《创新扩散理论的实证研究》，《现代传播》2006 年第 3 期。

用现状，研究发现，创新技术较低的可试性和可观察性以及落后的信息素养已成为互联网在农村地区扩散的主要阻碍①。

信息素养（Information literacy）概念，最早由 Paul Zurkowski 在1974 年提出，1989 年美国图书馆协会对此定义重新进行了表述，即具有信息素养的人能够判断何时需要信息，并懂得如何去获取、评价和有效地利用所需要的信息②。随着互联网科技进一步普及，越来越多的人有机会接触新媒体，但很多人不会善用媒体，不懂得解读传媒信息（ACMA，2009）③。农民的信息素养对创新科技的扩散与采纳具有一定的影响作用。创新扩散理论告诉我们，一项农业新技术、新产品等农业信息的传播是一个循序渐进的过程，农民的社会关系和信息素养是影响农业信息扩散的重要因素。

三　系统科学理论

系统科学理论以系统为研究对象，揭示系统运行的一般模式、结构和规律的学问，探讨有关系统的各种理论和方法以及共同特征。系统科学理论将世界当作一个巨大的系统，并由许多不同的系统组成，大系统当中有小系统，小系统当中有子系统，子系统当中有微系统，复杂系统还表现出层级性。系统科学理论将研究对象视为动态反应的有机整体的一部分，运用整体思维，自下而上，由分到总，着眼于系统中各要素与子系统间的关系，把握系统的功能与作用，是系统科学理论的精髓与要点④。系统科学理论认为，系统是结构和功能的统一体，任何一个系统要发挥其最大的功能或效益，那么在构造系统时必

---

① 叶明睿：《用户主观感知视点下的农村地区互联网创新扩散研究》，《现代传播》2013 年第 4 期。

② Bent B Andresen，"To Be Hypermedia-literate Is to Be Liberated：Reading，Writing，Arithmetic and Hypermedia Literacy as Basic Skills"，*Educational Media International*，Vol. 33，No. 3，1996，pp. 110–113.

③ ACMA，"Digital Media Literacy in Australia：Key indicators and Research Source"，*Australian Communication and Media Authority*，2009.

④ 陈新勇、陈力峰：《系统论视角下的网络媒体不良信息监管》，《今传媒》2010 年第 2 期。

须注意系统整合，对系统各要素进行相关分析，然后进行科学组合和搭配①。系统科学理论的观点要求人们运用整体思维观察世界，广泛应用于社会领域，为人们认识社会问题，解决社会问题提供了一种全新的思路。

　　学者们时常用系统论的观点来解释复杂传播现象。传播学先驱拉斯韦尔等从系统结构的角度考察传播现象。从事传播研究的美国社会学家也将大众传播置于社会系统中来考察②。美国实用主义哲学家杜威认为，社会是一个有机体，只有通过有机系统内循环的信息分享，社会生活才有可能。杜威还认为大众传播是社会变迁的工具③。卢曼提出的社会系统理论认为，传播（沟通）是社会系统的要素，传播（沟通）过程是表达、信息、了解三种因素选择作用下的相互实现以及最终达成"系统自我再造"的过程④。陈力丹（2005）认为系统论思想发挥了显著的整合传播现象的作用⑤。肖静等（2013）以系统论为依据，构建了信息生态系统，信息人、信息资源、信息环境三个要素构成了完整的信息生态系统⑥。信息传播活动和现象具有多样性、复杂性等特点，需要运用系统科学的理论来指导农业信息传播体系的重构，研究系统和复杂系统的各组成部分及其相互关系，从中找出推动农业信息传播系统科学、有序运行的本质所在，以便实践者和研究者采取恰当的方案，使农业信息化更好地与农业现代化相融合，一起服务于"三农"信息传播事业，实现农业现代化与农民发展的目标要求。

---

　　①　R. Karni and A. Gal-Tzur, "Paradigms for Knowledge-based Systems in Industrial Engineering", *Artificial Intelligence in Engineering*, Vol. 5, No. 3, 1990, pp. 126-141.

　　②　俞憬璐、俞景玮：《传播是一个开放性的动态系统》，《新闻大学》1985 年第10 期。

　　③　陈力丹：《试论传播学方法论的三个学派》，《新闻与传播研究》2005 年第 2 期。

　　④　李育富、蔡雨刊：《卢曼系统理论中的传播概念和媒介理论研究》，《国际新闻界》2012 年第 11 期。

　　⑤　陈力丹：《试论传播学方法论的三个学派》，《新闻与传播研究》2005 年第 2 期。

　　⑥　肖静、李北伟、魏昌龙、单继民：《信息生态系统的结构及其优化》，《情报科学》2013 年第 8 期。

四　农业信息化理论

信息化是世界经济和社会发展的基本趋势。"信息化"这个名词是日本学者梅棹忠夫在其 1963 年发表的专著《论信息产业》中首次提出的。20 世纪 70 年代以来，以"信息社会"和"信息化"名称被译成英文传播到西方国家。随着信息通信技术的不断变革，逐渐应用于各行各业，信息革命和信息化导致人类社会步入信息社会。信息化不仅是技术在各行业中的应用问题，更加涉及诸多理论和实践问题。不同国家的学者根据自身发展战略和应用领域提出了不同视角的信息化理论。党的十一届三中全会后，信息化开始在我国改革开放中加速应用。经过四十多年的发展，信息化应用取得了举世瞩目的伟大成就。近年来，中国许多专家、学者在研究中国特色的信息化道路方面进行了极为重要且有益的探索①。

农业信息化是社会信息化的重要组成部分。农业信息化是在农业生产、管理、流通、消费、服务以及农村经济社会发展各领域、各环节应用现代信息技术，实现农业生产科学化、智能化的过程。随着对信息技术的认识以及农业信息化实践的推进，不同的专家学者从不同的视角探讨了农业信息化实践，形成了不同的观点。农村信息化是一个统一整体，主要包含五个部分：农村信息化基础设施、农村信息资源、农村信息服务体系、农村信息化应用和农村信息化发展环境②。农业信息化是一种信息化应用于农业领域后产生的经济形态，是农村经济发展到特定过程的概念描述。

农业信息服务是农业信息化应用的关键环节，当前正加速由政府推动向市场推动、重基础建设向重应用服务、单一服务向多元服务、被动服务向互动服务转变。农业信息服务是农业信息化进程中具有战略支撑的服务体系，为农业信息化提供了服务保障。关于农业信息服务模式、农业信息服务支撑保障体系、农业信息服务体制机制等方面

---

① 曲维枝：《中国特色信息化道路探索》，电子工业出版社 2008 年版。

② 李道亮：《中国农村信息化发展报告（2014—2015）》，电子工业出版社 2016 年版，第 27 页。

的讨论对本书具有重要的启发意义。

2015 年 3 月，李克强首次在政府工作报告中提出"互联网+"，国家将"互联网+"现代农业作为十一个重点行动领域之一（国发〔2015〕40 号）。"互联网+"现代农业行动计划，是物联网、移动互联网、大数据、云计算等技术创新应用的过程，是推动我国农业信息化、农业现代化的重大举措。"互联网+"作为当前经济进入新常态后的重要推动力量，对促进现代农业发展意义重大。对"互联网+"应用现状和理论研究将对本书的农业信息传播体系研究产生重要影响。

五　图论

图论（Graph Theory）是数学的一个分支领域，以图形为研究对象。历史上，多位著名数学家都或多或少涉及图论，最早涉及图论的数学家可以追溯到欧拉。而事实上，德国数学家内格（D. Koning）于 1936 年才正式提出图论思想，到 20 世纪 50 年代内格的著作在美国出版后，图论思想才逐步引起重视[①]。经过几代数学家的不懈努力以及图论的进一步应用，图论思想得到了较快发展。

用图论的思想和语言符号可以精确简洁地描述点与点及其连接两点之间线的关系。这种思想正好为社会科学领域中诸多社会问题分析带来了思路，图论为社会科学工作者提供了描述节点及其连线、社会网络等的共同语言和分析框架，成为社会科学领域相关研究的有力方法和思维工具之一。图论中的图是由若干顶点及连接两点的线所构成的图形，这种图形通常用来描述某些事物之间的某种特定关系，用点代表事物，用连接两点的线表示相应两个事物间具有的某种关系。图论思想为考察农业信息传播体系结构提供了思路和方法，依据图论的原理和方法，运用数学建模法可以更加准确地认识农业信息传播体系结构的本质及其规律。

---

① 李金华：《网络研究三部曲：图论、社会网络分析与复杂网络理论》，《华南师范大学学报》（社会科学版）2009 年第 2 期。

六　基因重组理论

基因重组理论是生物学的重要理论之一。基因（Gene）是具有遗传效应的 DNA 片段，是绝大部分生物遗传信息的化学载体。19 世纪 60 年代，奥地利遗传学家孟德尔提出了生物性状是由基因控制的观点。基因是遗传的物质基础，人类有几万个基因，储存着生命孕育、生长、凋亡过程的全部信息，通过复制、表达、修复，完成生命繁衍等重要生理过程。基因重组简单来说，就是生物体内细胞中 DNA 序列的改变。基因重组理论除了在生物学领域的完善与发展，基因重组理论还被应用于社会科学领域分析和解决社会科学问题。如在企业重组领域，建立企业基因重组模型，对企业的重组实践起到了重要的指导作用，并完善和发展了企业重组的相关理论。

基因重组模型包括同源重组、位点特异性重组、双链断裂重组、染色体重排、模板选择性重组和基因转座六种方式。本书在农业信息传播体系重构时，以基因重组理论框架为基础，构建农业信息传播体系重构的理论模型，从而更好地认识农业信息传播体系重构的本质及规律，为农业信息传播体系的重构打下坚实的理论基础。

第三节　本章小结

开展农业信息传播体系研究，能促进农业创新扩散和成果转化，提高农业生产的科技水平，推动农业经济发展和农民增收以及农村社会的全面进步。这不仅有利于促进我国"三农"问题的有效解决，而且有利于进一步推动我国的经济转型和农业现代化的实现。讨论农业信息传播本质问题，首先需要对其基本概念和内涵有一个科学的界定。厘清农业信息传播的相关概念，把握农业信息传播的本质及其发展规律，是科学重构农业信息传播体系、有效开展农业信息传播活动的重要前提和基础。

本章主要对本书所涉及的相关概念及理论进行解释，首先基于研究背景，通过文献检索和梳理，解释了研究当中出现的关键名词。追溯农业信息传播的历史渊源，明晰与农业信息传播体系密切相关的"系统""体系""传播体系"等几组概念的发展演变，以韩儒博关于体系的解释为基础，认为体系是元素及其所属系统间有机组成的整体，体系本质上是多层级的复杂系统，体系包括众多子系统，在此概念上进行延伸，同时以农业信息服务体系、农业科技传播体系、农业技术推广体系等几组相关概念为依托，在前人讨论和相关定义的基础之上，综合分析，试图对农业信息传播体系给出一个操作化的定义，即农业信息传播体系是指由政府、媒体、社会组织和个体等构成的复合主体围绕农业、农村、农民的信息需求，通过传统传播渠道与现代传媒技术向受传者传播农业信息的内部传播系统以及由政策、法规、体制、机制等外部保障系统组成的互相联系、互相制约的有机整体。

其次，系统地分析了农业信息传播体系的特点和功能，重点探讨了农业信息传播实践过程中对各要素所具有的基本价值和作用，从其具备的传播农业信息、满足信息需求、普及科技知识和服务农民生活四大功能的角度分别阐释了农业信息传播媒介选择原则、农民的农业信息需求、科技知识普及的要求、全面了解受众的必要性，这样才能更好地发挥农业信息传播的效果，对农业信息传播体系的重构具有十分重要的参考价值。

最后，指出农业信息传播体系研究的另一关键点，基于对上述基本概念的认识，梳理了本书的理论基础。本书以马克思主义相关理论、系统科学理论、传播学相关理论、农业信息化理论、图论与基因重组理论为切入点，找出重构农业信息传播体系的理论依据，为更好地认识和把握农业信息传播体系重构的本质、特征、规律及更进一步对农业信息传播体系的理论模型、历史发展与现状特征、存在问题与原因、重构思路与实施策略等进行系统深入的研究提供了科学的理论支持和重要的方法论指导。

第二章

农业信息传播体系理论模型

马克思认为，理论在一个国家实现的程度总是决定于理论满足这个国家的需要程度①。人类社会的每一次技术变革或科技革命都会引起对原有理论的重新审视，任何理论都源于现实问题才发展起来的。理论是在实践中获得的认识与经验加以科学的概括、分析、推理、总结而形成。科学的理论是在现实的客观世界中抽象出来的，又不断在现实的客观世界中得以验证，能够准确地反映客观事物的本质及其规律。随着客观世界的不断变革，各种新的要素进入原有客观世界而引起了部分变革，进而导致本质及其规律的变化，最终推动着社会的发展进步和理论体系的不断完善。

农业信息传播体系理论来源于农业信息传播实践。新技术的引入、新政策的颁布、体制机制的创新等都将引起农业信息传播实践与理论体系的变化。特定时代的农业信息传播体系理论是在特定时空条件下对农业信息传播实践活动的科学认识和经验总结。农业信息传播既是一种伟大的实践，同时也是信息传播技术应用于"三农"过程中的概念描述。准确把握农业信息传播的本质及其规律，是科学重构农业信息传播体系、有效开展农业信息传播活动的前提和基础。根据第一章对基本概念界定与理论基础阐述的基础上，结合图论和基因重组理论构建出本书的结构理论分析模型。

---

① 《马克思恩格斯选集》（第1卷），人民出版社1995年版，第11页。

第一节　农业信息传播体系要素

要素是构成农业信息传播体系的基本成分。在研究农业信息传播体系时，必须首先考察农业信息传播体系内部传播系统和外部保障系统的具体构成要素。虽然农业信息传播体系的运行受到所处时空中政治、经济、文化、科技、教育、社会交往、法律规范及农民主体素质等诸多因素的交互作用和综合影响，但对农业信息传播体系的形成及运行起着本质作用的是基本构成要素，而它又是由诸多子系统或者要素构成的相对独立的系统。由于农业信息传播体系的系统性、复杂性、层级性等特点，农业信息传播体系内部传播系统与外部保障系统的交互与能量交换也极其复杂。体系本身具有无限性特征，可以无限制地细分成更多的子系统、微系统。对于农业信息传播体系的研究来讲，并不需要一直细分下去，需要弄清楚的就是农业信息传播体系中的基本子系统或要素。

在互联网逻辑和新媒介生态中，系统基于共同体作用下达到动态平衡，政府则应充当全新的"守夜人"角色，通过制定规则、搭建平台、共营生态，为系统中每个主体提供基础的保障与约束[1]。农业信息传播是由政府、组织、企业和个体共同组成的传播主体在体系内以受众为中心平等互动并进行信息聚散，以实现信息的生产、传播与价值生成，且在此体系内达到动态平衡。因此，农业信息传播体系的构成要素界定为两大系统八个子系统或要素。具体如图2-1。

通过对农业信息传播体系的内部传播系统与外部保障系统进行建模来说明内部传播系统与外部保障系统关系。定义数组（x_1，x_2，x_3，x_4）和（y_1，y_2，y_3，y_4），其中，第一个数组中x_1表示传播者系统，x_2表示受众系统，x_3表示传播媒介与渠道，x_4表示农业信息；其

---

① 喻国明、张超、李珊、包路冶、张诗诺：《"个人被激活"的时代：互联网逻辑下传播生态的重构》，《现代传播》2015年第5期。

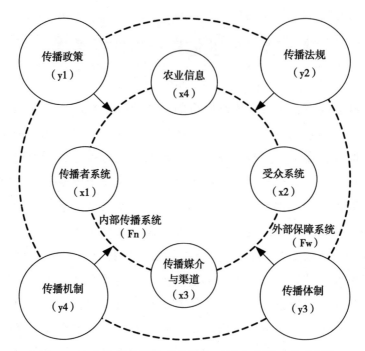

图 2-1　农业信息传播体系的两大系统八个子系统或要素

中，第二个数组中 y_1 表示传播政策，y_2 表示传播法规，y_3 表示传播体制，y_4 表示传播机制。

内部传播系统可以用数学函数公式（2-1）表达为：

$$F_n = f_n(x_1, x_2, x_3, x_4) \qquad (2-1)$$

外部保障系统可以用数学函数公式（2-2）表达为：

$$F_w = f_w(y_1, y_2, y_3, y_4) \qquad (2-2)$$

农业信息传播体系内部传播系统与外部保障系统相互关系则可以用数学函数公式（2-3）表达为：

$$M = F_n \oplus F_w \qquad (2-3)$$

其中，公式（2-1）中 x_1，x_2，x_3，x_4 为自变量，F_n 为内部传播系统的函数；公式（2-2）中 y_1，y_2，y_3，y_4 为自变量，F_w 为外部保障系统的函数；公式（2-3）中" $\oplus$ "是一种运算或算子，表示两个数学函数的"叠加"，M 为内部传播系统函数与外部保障系统函数的"叠加"。公式（2-3）表明外部保障系统是通过内部传播系统来对农业信息传播体系目标的达成起到促进作用，进一步说明外部保障系统是通过内部传播系统才起作用的，最终实现农业信息传播体系的整体目标。

一　内部传播系统

（一）传播者系统

在农业信息传播过程当中，涉及的传播者较为复杂。农业生产生活中涉及信息的种类也比较繁杂，不同的传播方式、信息类型都会涉及不同的传播主体。关于信息的生产、采集、管理、传播的相关组织或个体都需要纳入传播者系统。因此，信息的生产者、采集者、出版者和传播者等都属于广义上的传播者系统。农业信息传播者可以是个人、政府、社会组织，也可以是大众传播机构。农业信息传播者系统包括：政府相关部门、大众传媒机构、农业科研机构及农业院校、农业技术推广机构、农村合作组织及农业专业技术协会、涉农企业、职业农民等。

政府是农业信息传播过程中的主导力量。由于城乡二元经济结构的存在，相对城市来讲，广大农村地区相对呈现地理上封闭、经济上欠发达、文化上落后的特征。各级政府在农业信息传播过程中，通过对农业信息传播的整体统筹规划、政策设计、资金安排、基础设施规划、组织协调各方力量协同为农民服务。中央、省、市、县、乡镇各级政府承担的责任和发挥的作用不同。

大众传媒是农村发展的重要推动力量，主要包括报刊、广播、电视等传统媒体。电视实行中央、省、市、县四级办台的方针，由专业的媒体从业人员收集和处理信息，通过传输系统把信号传输到广大农村地区。大众传媒对农村文化建设和国家政策的传播都具有重要意义。随着农村传媒环境的变化，互联网等新媒介普及率在逐年加大。大众传媒由于其本身的特征缺乏互动性，传统媒体与互联网新媒体融合能够很好地解决传播主体间的互动问题，互联网和移动互联网等传播技术在未来会越来越得到农民的信赖与重视。

农业科研机构及农业院校是农业信息的创造者、生产者和传播者。农业科研机构承担着国家重大农业项目的研究，进行科研攻关、知识技术的推广与传播。目前，我国的农业科研机构层级分明、分布广泛，主要有两个系统：专业科研机构和农业院校。专业科研机构也有国家级、省市级，是农业科技创新的核心力量，他们既是农业科研的主体力量，同样也是农业科技传播的主力军。农业院校除专业研究机构承担的工作之外，还要承担培养农业专业人才的任务。

农业技术推广机构是传统农业科技传播的中坚力量，是进行农业科技信息服务的生力军。在粮食安全、农民问题解决、农业新技术新设备推广、农业生产安全等方面，农业技术推广机构成绩显著。近年来，农业技术推广机构也在不断探索新技术、新方法、新手段来服务"三农"，如农技110、农业科技特派员、手机短信、制作农业视频动画等方式创新性地服务"三农"，有效地满足了农民多样化的信息需求，解决了农民生产生活当中的实际问题。

农村合作组织及农业专业技术协会是农业信息传播中的一种组织形式。农村合作组织、农业专业技术协会主要由精英农民发起，能为普通农民提供技术和农技支持、农产品收购、市场信息供给等服务。农村合作组织和专业技术协会通过聘请专家、农技推广人员、本土农民技术员服务其他农民。在种养殖、农资购买、农产品加工、农产品销售等环节广泛提供服务支持。

涉农企业为了更好地推广公司的技术、产品和服务，设有专门的信息服务部门，既负责技术产品的营销，还承担着与此技术、产品和服务相关农业科技信息的传播与推广，同时也承担着农民反馈信息的收集与整理。涉农企业以当地的龙头企业为主体，通过电话、专家、网络、手机短信、上门服务、宣传册、海报等多种形式向农民传播科技、政策、市场和天气等多种农业实用信息。

职业农民或精英农民是农村社会当中的精英群体。先进的思想、技术、信息先传播给他们，他们通过自己的威望和示范作用再向广大普通农民传播。职业农民或精英农民具备最明显的特征就是重视农业科技。职业农民或精英农民思维开阔、经济条件好、社会动员能力强。职业农民或精英农民是农业信息的放大器、示范者和信息使用的带头人，具有"场"的辐射功能。职业农民或精英农民通过他们自身的生活方式、生产方式、话语体系等影响普通农民，并最终影响所在农村区域的经济社会发展水平。

（二）受众系统

受众是内部传播系统的主体要素之一。农业信息传播体系的主要目标之一就是围绕受众的信息需求服务农民受众。由于我国当前农业发展处于转型期，农民对"三农"信息的传播和使用对"三农"问题的有效解决起着不可估量的作用。在以往以"传播者"为中心的时代，强调传播者"自上而下"向"三农"传播信息，受众群体没有受到充分地尊重，导致传播的信息与受众的需求产生错位。因此，当前现代传媒条件下的"三农"传播需要从农业、农村的现实发展需求和农民自身的实际需求出发，也就是把农民当作内部传播系统的主体要素来设计传播过程和信息内容，必须明确在内部传播系统中传受双方的角色和地位趋于平衡，才能更好地发挥农业信息传播体系服务农村发展、农业增产和农民增收的作用和目的。

农民受众系统的结构也是极其复杂的。当前农民受众体现出来一些基本的特点。农民处于我国经济社会发展诸多群体的最底层，同样在农业信息传播过程当中也处于最底层，农民受众在传播过程当中得不到应有的尊重，传播者无视农民受众的基本需求。农民随着地域、受教育水平、性别、思维观念等不同，呈现农民群体的多样性特征。就农民受众个体而言，部分农民思维开阔、创新意识强、信息接受能力强，而部分农民则保守、懒惰甚至顽固，这为农业信息传播提出了更高的要求。

（三）农业信息

农业信息是内部传播系统的客体和重要元素，是传播者系统和受众系统通过媒介与渠道传播的内容。传播者将信息通过媒介与渠道传播给受众，受众通过媒介与渠道接收到传播者发出的信息。同样，受众通过媒介与渠道传递信息需求。因此，农业信息是传播者系统、受众与媒介渠道系统的黏合剂。在当前信息社会，农业信息是革新农民观念、改善农民行为、加快农村发展的重要内容，需要分类进行科学、有效的传播，使得信息价值最大化。

　　农业信息传播体系中的信息具有复杂性特征。农业信息在农业信息传播体系中是流动的，是广义的农业信息，主要涉及七类信息：农业政策信息、农业科技信息、市场销售信息、天气气象信息、新闻时政信息、文化娱乐信息和生态环境信息。就农业信息而言，信息的流向主要有：自上而下传播给农民的信息和自下而上农民所传播的信息。当前，农业信息中这两类信息差异较大，自下而上信息传播渠道不畅，这类信息不能很好地进行传播。

　　（四）传播媒介与渠道

　　传播媒介与渠道系统是承载农业信息、连接传播者系统与受众系统的桥梁，在传播系统中不可缺少。著名媒介学家麦克卢汉认为媒介即信息，强调了媒介与信息的特殊关系。传播媒介是一整套储存和传播人类文明的智慧形式与技术手段。在现代社会，知识、技术、思想、行为和习惯都可以通过符号化信息的表征再通过媒介来传播。在一个相对封闭的空间内，大众传媒对农村经济社会发展有着重要的推动作用。

　　传统的传播渠道包括农家书屋、文化站、宣传册、海报、农村大喇叭以及面对面的人际传播等多样性的传播渠道，这些传播渠道更加贴近农民的信息需求，在农村具有广泛的传播力，是大众媒体的有益补充。不同的传播渠道对于传播者来讲就要采取不同的传播策略，对于受众来讲获取信息的路径就不同，农业信息的传播应该选择适合农民接受、信息表现和传播者传播的形式进行。

　　进入 21 世纪后，传播媒介呈现多样性组合，广播、报刊、图书、电影、电视、互联网、手机等共同构成了现代传媒环境。Urry（2003）积极呼吁学者们重视手机媒体在社会生活中所起的作用[1]。互联网和移动互联网在农村地区的逐渐普及，使传统大众媒体面临着重大变革，一方面大众媒体迎来了新媒体的挑战，但另一方面也带来

---

[1]　J. Urry, "Social Networks, Travel and Talk 1", *British Journal of Sociology*, Vol. 54, No. 2, 2010, pp. 155-175.

了极大的机遇，使得传统媒体结合新媒体的力量能够更好地服务"三农"信息传播。新媒体具有及时、互动、便捷等特征，是农业信息传播媒介与渠道中最重要的变革性和推动性力量。

二　外部保障系统

由于内部传播系统的复杂性，涉及政府、社会组织、企业等，传播主体机构多、人员杂，还涉及复杂的信息与媒介渠道等传播客体，最终服务对象更为庞杂。所以，需要科学合理的外部保障系统来约束和规范农业信息传播体系的有序运行。另外，农业信息传播的发展是处在一定的社会规范、制度之中，由此就形成不同的传播政策、法规、体制和机制等。

（一）传播政策

政策是一个国家或政党为实现一定时期任务而制定的标准化行动准则。传播政策作为公共政策系统中的重要组成部分，其职能的确立和发挥在当今社会中具有至关重要的作用[①]。传播政策是国家依据传播环境的变化和传播事业的发展而制定的行动方案，是促进传播事业科学、持续、健康、有序发展的重要保障。近年来，我国大众传媒、新媒体传播和国内国际政策环境都发生了深刻变化，传播政策也需要尊重客观政策环境和传媒环境的变化而变化。

农业信息传播具有传播"三农"所需要的科技、市场销售、气象和文化娱乐等重要信息的职能。其中诸多信息需要利用公益事业形式和政府主导的方式完成，有些信息则需要市场参与来完成，这就需要相应的传播政策来调控和指导。符合国家意志与传媒环境的传播政策能够有效促进农业信息传播实践。农业信息传播政策是农业政策的重要组成部分。在推动农业信息传播的过程中，针对农业信息传播的不同方面，应该制定不同的政策手段，所有政策都应该集中于利用制度建设和政策引导，整合现有资源，建立激励机制，动员社会力量，加

---

① 姚曦亮、邓淑华：《我国传播政策职能的转换》，《电子科技大学学报》（社会科学版）2006 年第 3 期。

强基础设施建设，强化传播能力建设，最终提高国家的传播能力，[①]更好地服务于"三农"传播。

（二）传播法规

传播法规是规范传播活动的重要保障。1906 年《大清印刷物专律》被视为近代以来我国新闻传播立法的源头。百余年来，我国已经形成了不同效力等级的多层次新闻传播法律法规，在规范新闻传播过程中起到了一定的作用[②]。传播法规与传播政策一起对内部传播系统起保障作用。传播法规包括了宪法、法律、行政法规、地方性行政法规在内的所有法律规范形式[③]。传播法规具有强制性、约束性等特征，而传播政策具有引导性、激励性等特征，两者形成互补关系，对传播活动起到规范作用。

我国于 1993 年颁布了《中华人民共和国农业技术推广法》，2012年重新进行了修订。除此之外，目前国内还没有专门关于农业信息传播方面的法律，也尚未制定出新闻法、大众传播法、广播电视法等专门性法律，只是在其他相关法律中，涉及关于信息传播活动的条款，但对农业信息传播活动的相关条款和规定较少。随着信息传播实践活动的持续深入，相关立法工作就显得极为迫切而重要。

（三）传播体制

体制是国家基本制度的重要体现形式。体制是制度的中观层次，具有格局和规则两方面的含义。体制是国家机关、事业、企业单位整体意义上的组织制度，是它们的机构设置、领导隶属关系和管理权限划分等方面的总称[④]。人及由人组成的机构等多层次要素组成的社会组织的"结构"就是"体制"。体制是社会组织中人与人、机构与机

[①] 翟杰全：《科技传播政策：框架与目标》，《北京理工大学学报》（社会科学版）2009 年第 4 期。

[②] 刘白露：《中国百年新闻传播立法研究》，硕士学位论文，中国政法大学，2009 年。

[③] 卜卫、宋小卫：《有关传播法规与政策的社会性别分析》，《妇女研究论丛》2005年第 12 期。

[④] 孔伟艳：《制度、体制、机制辨析》，《重庆社会科学》2010 年第 2 期。

构之间的相对位置与相互关系①。国家对社会的控制方式直接决定了大众传播体制②。传播体制涉及传播者与传播组织、传播组织与传播组织间的相对位置与相互关系以及管理职能权限划分。

农业传播体制是农业信息传播体系中内部传播系统赖以运行的重要组织制度基础。农业信息传播涉及政府、科研院所、农业院校、社会组织、大众媒体以及农业技术推广机构、服务中介、农民群体等，农业信息的传播需要由专门的政府涉农机构来统筹，全盘制订计划、组织协调，并理顺传播主体间的复杂关系，其他传播主体要各司其职、分工明确、协同协作完成农业信息传播任务。农业信息传播体制的改革需要依据农业现代化的需求、农村传媒环境和"三农"传播的现实情境来展开。

（四）传播机制

机制作为一个自然系统和社会系统的内在核心问题，有着复杂的构成和作用原理。体制与机制是一对相辅相成的概念，经常放在一起来分析社会科学问题。机制进入农业信息传播领域意指事物自身的构成及其运动中的某种由此及彼的必然联系和规律性。机制包含四个要素：一是事物变化的内在原因及其规律，二是外部因素的作用方式，三是外部因素对事物变化的影响，四是事物变化的表现形态。③ 传播机制是保障传播系统科学合理运行的外部性要素。

农业传播机制是指农业信息传播系统内部要素间的相互作用方式及其与外部保障系统间的相互影响。农业信息传播体系庞大、运行复杂，需要有良好、开放的传播机制来保障和支撑。稳定开放的、反应迅速的传播机制能够保障农业信息传播的有效运行。农业传播机制是运行过程的"范畴"，它制约着农业信息传播的过程，传播机制必须与传播者系统、受众系统、农业信息和传播媒介与渠道等多个传播要

① 张思锋、张立：《煤炭开采区生态补偿的体制与机制研究》，《西安交通大学学报》（社会科学版）2010年第2期。

② 章兴鸣：《新闻传播体制与政治制度关系的实证分析》，《南通大学学报》（社会科学版）2009年第7期。

③ 孔伟艳：《制度、体制、机制辨析》，《重庆社会科学》2010年第2期。

素结合起来探讨。

第二节　农业信息传播体系结构

结构是要素的排列、组织和秩序。构成要素在排列次序即结构组合上有所不同，那么体系的性质、特征、功能就会有所变化。要素按照一定秩序进行排列和作用，构成了系统的基本结构[①]。结构是体系功能的内在根源，隐藏着规则总体和逻辑关系[②]。农业现代化和农业信息化双重背景下，农业信息传播体系同时呈现双重系统及其多维子系统的结构性特征。具体如图 2-2。

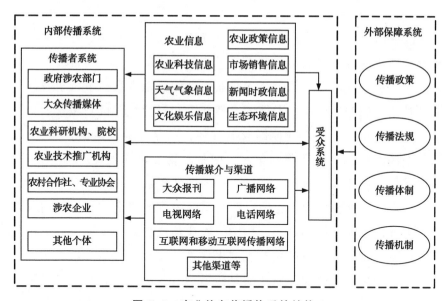

图 2-2　农业信息传播体系的结构

农业信息传播体系的结构将随着传播技术和"三农"需求的变化

---

① A. D. Meyer, A. S. Tsui and C. R. Hinings, "Configurational Approaches to Organizational Analysis", *Academy of Management Journal*, Vol. 36, No. 6, 1993, pp. 1175-1195.

② 王晓明、李仕明、沈焱：《基于"要素—结构—功能"的企业商业模式研究》，《管理学报》2010 年第 7 期。

由互不联系的单向度纵向信息链结构演变为分布式互动信息链结构。在包括互联网和移动互联网在内的现代传媒技术使用之前，农业信息传播过程中，电视传播系统、广播传播系统、政府传播系统、农业技术推广系统等都是单向度纵向信息链结构。随着现代传媒技术和"三农"信息需求的变化，政府农业信息传播系统、互联网传播系统、手机传播系统、电视传播系统、广播传播系统、农业技术推广系统等相互融合、相互补充、相互借鉴构成了分布式互动信息链结构。

一　单向度纵向信息链结构

（一）单向度纵向信息链结构概述

农业信息传播的结构正在从单向度纵向信息链结构演变为分布式互动信息链结构，单向度纵向信息链结构是农业信息传播的基本结构，体现了农业信息传播体系的层级性、系统性与自上而下的特征。一般意义上来讲，传统的主要涉农传播组织与机构基本呈现自上而下的传播特征，属于单向度纵向信息链结构，如政府涉农部门传播系统、大众传媒系统、农业技术推广系统等，这种结构以从上到下的信息传播为主。政府传播系统是典型的单向度纵向信息链结构，基本框架如图2-3所示。

本小节将以政府传播系统为例来建模。中央政府处在第一层，是农业信息传播体系结构中的战略层，其功能主要是制定宏观政策，做好顶层设计与战略规划，统领全局；省、市级政府处在第二层和第三层，是农业信息传播体系结构中的监管层，其功能主要是监督中央政府的相关政策的实施情况，做到上情下达；县级政府、乡镇政府处在第四层、第五层，是农业信息传播体系结构中的执行层，这两层离农民受众群体最近，是政府传播系统的主要传播主体，其功能主要是向农民受众传播信息，满足农民的信息需求；农村受众群体处在第六层，是核心目标层，是整个农业信息传播服务的主要对象，如图2-3所示。

（二）第一层单向度纵向信息链结构建模

图论是数学的一个分支领域，以图形为研究对象。图论中的图是

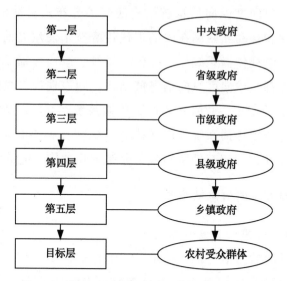

图 2-3　单向度纵向政府传播系统信息链结构

由若干顶点（包括始点和终点）及连接两点的线（包括无向线和有向线）所构成的图形，这种图形通常用来描述某些事物之间的某种特定关系，用点代表事物，用连接两点的线表示相应两个事物间具有某种关系。本部分以政府传播系统为例，建立从中央到省、从省到市、从市到县、从县到镇、从镇到农民受众的五级纵向信息链结构模型。第一层是建立中央到省的信息扩散模型图。如图 2-4 所示。

图是由一个非空的顶点集合和一个描述顶点之间关系——边的集合组成，按照图论相关原理和方法，从中央政府到全国 34 个省、市、自治区、特别行政区的信息扩散模型可以用数学公式（2-4）表达为：

$$G_1 = (S, Y)$$
$$S = (O, S_{01}, S_{02}, \cdots, S_{34}) \tag{2-4}$$
$$Y = \{(O, S_{01}), (O, S_{02}), \cdots, (O, S_{34})\}$$

其中，G_1 表示信息由中央政府到省级行政区的信息扩散模型图，S 表示图 G_1 中所有顶点的集合，Y 表示图 G_1 中有向边的集合，其中 O 代表中央政府，S_{01}，S_{02}，$\cdots$，S_{34} 代表中国 34 个省级行政区，包括 23 个省、5 个自治区、4 个直辖市、2 个特别行政区。

在有向图中，顶点之间的连线具有方向性，通常用带箭头的线表

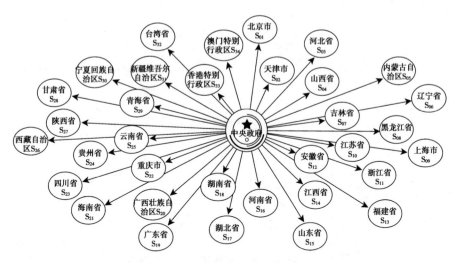

图 2-4　中央政府到省、自治区、直辖市、特别行政区政府的信息扩散模型

示有向边，每条箭头线的头顶点表示有向边的一个顶点，称为终点；箭头线的尾顶点表示有向边的另一个顶点，称为始点。在图 2-4 中，O 代表始点，S_{01}，S_{02}，…，S_{34} 代表终点，表示信息从始点出发传播到 34 个终点。集合 Y 中（O，S_{27}）代表从中央政府（O）到陕西省政府（S_{27}）的有向边，意味着信息从始点中央政府单向传播到陕西省。以此类推，其他 33 条有向线表示信息从中央政府单向扩散传播到其他 33 个省、自治区、自辖市、特别行政区，此模型是单向度纵向信息链结构模型中的第一层。

（三）第二层单向度纵向信息链结构建模

第二层单向度纵向信息链结构建模以陕西省政府传播系统为例，从陕西省到 10 个市的信息扩散模型如图 2-5 所示。

按照图论的相关原理和方法，从陕西省政府到各市政府的信息扩散模型可以用数学公式（2-5）表达为：

$$G_2 = (X, K)$$
$$X = (S_{27}, X_{01}, X_{02}, \cdots, X_{10}) \tag{2-5}$$
$$K = \{(S_{27}, X_{01}), (S_{27}, X_{02}), \cdots, (S_{27}, X_{10})\}$$

其中，G_2 表示陕西省政府向各市信息扩散模型图，X 表示图 G_2 中顶点的集合，K 表示图 G_2 中有向边的集合，其中 S_{27} 代表陕西省政府，

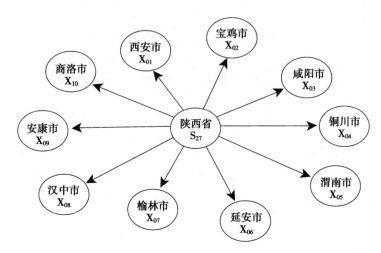

图 2-5　　陕西省政府到各市的信息扩散模型

X_{01} 代表西安市，X_{02} 代表宝鸡市，X_{03} 代表咸阳市，X_{04} 代表铜川市，X_{05} 代表渭南市，X_{06} 代表延安市，X_{07} 代表榆林市，X_{08} 代表汉中市，X_{09} 代表安康市，X_{10} 代表商洛市。

集合 K 中 (S_{27}, X_{01}) 代表信息从陕西省政府到西安市政府的单向扩散，(S_{27}, X_{05}) 代表信息从陕西省政府到渭南市政府的单向扩散。其他 8 条有向线分别表示从陕西省政府到宝鸡市、咸阳市、铜川市、延安市、榆林市、汉中市、安康市、商洛市这些市级政府的信息单向扩散方向。由此意味着信息从始点陕西省单向扩散传播到下属各市。

此模型是从省级行政区到市级行政区的单向度纵向信息链结构传播模型中的第二层，是承上启下的三层之一。

（四）第三层单向度纵向信息链结构建模

第三层单向度纵向信息链结构建模以渭南市政府传播系统为例，从渭南市到 11 个区、县、县级市的信息扩散模型，如图 2-6 所示。

按照图论相关原理和方法，从渭南市到各区、县、县级市的信息扩散模型可以用数学公式（2-6）表达为：

$$G_3 = (N, R)$$
$$N = (W, N_{01}, N_{02}, \cdots, N_{11}) \tag{2-6}$$
$$R = \{(W, N_{01}), (W, N_{02}), \cdots, (W, N_{11})\}$$

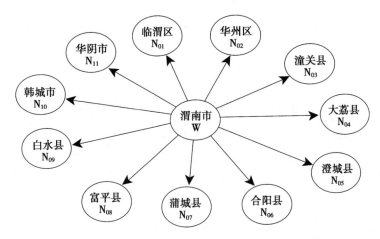

图 2-6　渭南市政府到区、县、县级市信息扩散模型

其中，G_3 表示渭南市到各区、县、县级市的信息扩散模型图，N 表示图 G_3 中顶点的集合，R 表示图 G_3 中有向边的集合。其中 W 代表渭南市政府，N_{01} 代表临渭区政府，N_{02} 代表华州区政府，N_{03} 代表潼关县政府，N_{04} 代表大荔县政府，N_{05} 代表澄城县政府，N_{06} 代表合阳县政府，N_{07} 代表蒲城县政府，N_{08} 代表富平县政府，N_{09} 代表白水县政府，N_{10} 代表韩城市政府，N_{11} 代表华阴市政府。

集合 R 中 $(W，N_{01})$ 代表信息从渭南市政府到临渭区政府的单向扩散，$(W，N_{04})$ 代表信息从渭南市政府到大荔县政府的单向扩散，其他 9 条有向线分别表示从渭南市到华州区、潼关县、澄城县、合阳县、蒲城县、富平县、白水县、韩城市、华阴市这些县级行政区的信息扩散方向。由此意味着信息从始点渭南市政府单向扩散传播到各区、县、县级市。

此模型是从市级行政区到县级行政区的单向度纵向信息链结构传播模型中的第三层，也是承上启下的三层之一。

（五）第四层单向度纵向信息链结构建模

第四层单向度纵向信息链结构建模以大荔县政府传播系统为例，从大荔县政府到 16 个镇、街道办的信息扩散模型如图 2-7 所示。

按照图论相关原理和方法，从大荔县政府到各镇政府、街道办的信息扩散模型可以用数学公式（2-7）表达为：

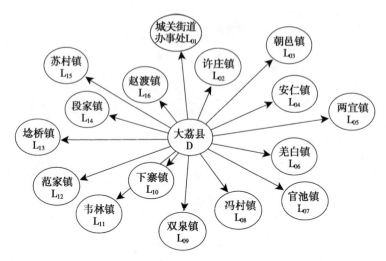

图 2-7　大荔县政府向街道办、镇政府信息扩散模型

$$G_4 = (L, T)$$
$$L = (D, L_{01}, L_{02}, \cdots, L_{16}) \qquad (2-7)$$
$$T = \{(D, L_{01}), (D, L_{02}), \cdots, (D, L_{16})\}$$

其中，G_4 表示大荔县政府信息扩散模型图，L 表示图 G_4 中顶点的集合，T 表示图 G_4 中有向边的集合，其中 D 代表大荔县政府，L_{01} 代表城关街道办事处，L_{02} 代表许庄镇政府，L_{03} 代表朝邑镇政府，L_{04} 代表安仁镇政府，L_{05} 代表两宜镇政府，L_{06} 代表羌白镇政府，L_{07} 代表官池镇政府，L_{08} 代表冯村镇政府，L_{09} 代表双泉镇政府，L_{10} 代表下寨镇政府，L_{11} 代表韦林镇政府，L_{12} 代表范家镇政府，L_{13} 代表埝桥镇政府，L_{14} 代表段家镇政府，L_{15} 代表苏村镇政府，L_{16} 代表赵渡镇政府。

集合 T 中 (D, L_{01}) 代表信息从大荔县政府到城关街道办的单向扩散，(D, L_{16}) 代表信息从大荔县政府到赵渡镇的单向扩散，其他 14 条有向线分别表示从大荔县政府到许庄镇、朝邑镇、安仁镇、两宜镇、羌白镇、官池镇、冯村镇、双泉镇、下寨镇、韦林镇、范家镇、埝桥镇、段家镇、苏村镇这些镇级政府的信息扩散方向。由此意味着信息从大荔县单向扩散传播到镇政府、街道办。

此模型是从县级行政区到各乡镇、街道办的单向度纵向信息链结构传播模型中的第四层，也是承上启下的三层之一，这是离农民受众最近的一层。

（六）第五层单向度纵向信息链结构建模

第五层是乡镇政府到村组、农民受众的单向信息扩散。以大荔县赵渡镇政府到农民个体、家庭、村组、其他团体为例，建立单向度纵向信息链结构模型，具体如图2-8所示。

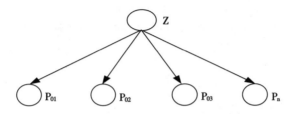

图 2-8　大荔县赵渡镇政府向村组、农民的信息扩散模型

按照图论相关原理和方法，从大荔县赵渡镇政府到农民个体（P_{01}）、家庭（P_{02}）、村组（P_{03}）、其他团体（P_n）的信息扩散模型可以用数学公式（2-8）表达为：

$$G_5 = (P, Q)$$
$$P = (Z, P_{01}, P_{02}, \cdots, P_n) \qquad (2-8)$$
$$Q = \{(Z, P_{01}), (Z, P_{02}), \cdots, (Z, P_n)\}$$

其中，G_5 表示大荔县赵渡镇信息扩散模型图，P 表示图 G_5 中顶点的集合，Q 表示图 G_5 中有向边的集合，其中 Z 代表大荔县赵渡镇政府，P_{01} 代表大荔县赵渡镇农民个体，P_{02} 代表大荔县赵渡镇家庭，P_{03} 代表大荔县赵渡镇村组，P_n 代表大荔县赵渡镇其他团体。集合 Q 中 (Z, P_{01})、(Z, P_{02})、$\cdots$、(Z, P_n) 代表信息从大荔县赵渡镇政府单向扩散到不同的农民个体、家庭、村组以及其他团体。

通过上述五层单向度纵向信息链结构模型，进一步考察了农业信息传播体系中自上而下的信息扩散结构及其传播特征，主要表现出了单向性、层级性、缺乏交互性等特征，这是农业信息传播体系的基本结构。

二　分布式互动信息链结构

随着多种传播渠道的建立和现代传媒技术的深刻变革与新媒体设

备的普及，特别是互联网和移动互联网应用于农业信息传播活动以后的一段时间内，农业信息传播体系的分布式互动信息链结构将越来越完善，未来将更好地服务于"三农"。所谓分布式互动信息链结构是在农业信息传播活动中，传播者系统中不同的传播主体需要充分沟通交流，承担好各自的任务、充当好自己的角色，农业信息依据自身的特征及传播媒介与渠道的特征走最优化的传播路径到达农民受众；同时农民的信息需求与声音能够通过自下而上的传播渠道与机制实现有效传播，自上而下的传播渠道与自下而上的传播渠道有效结合，形成良好的互动机制，服务于"三农"。

（一）分布式互动信息链结构概述

农业信息传播体系结构中的分布式互动信息链结构是在传统单向度纵向信息链结构的基础上完善和发展起来的，较为适合当前和未来一段时间农业信息传播实践活动，主要包括传播主体间的分布式信息链结构和自下而上的互动信息链结构。传播主体有政府涉农机构、大众媒体、农业科研机构与院校、农业技术推广机构、农村合作社与专业协会、涉农企业、其他个体等。不同的传播主体之间需要沟通与互动，发挥各自的优势来传播农业信息，避免资源的重复建设和信息传播活动的缺失。随着新媒介技术以及传播主体认识的变化，自下而上的互动信息链结构逐渐完善起来，有效地建立起与农民作为传播主体地位相匹配的传播渠道与对话机制。鼓励不同的传播主体相互沟通，更要建立自下而上的信息传播渠道与机制，构建适合现代农业发展、服务农村发展、满足农民需求的分布式互动信息链传播结构。

（二）传播主体间的分布式信息链结构建模

传播主体包括各级政府涉农机构、大众媒体、农业院校与科研机构、农业技术推广机构、农村合作社与专业协会、涉农企业、其他个体等。其中，政府是农业信息传播实践活动的主导力量，其他社会组织、群体与个体积极参与。不同的传播主体之间需要沟通与互动，建立起良好的沟通协调机制，才能够明确自己的职责，更好地服务于农业信息传播活动。以传播主体间的互动交流为基础，建立传播主体间的分布式信息链结构模型，如图 2-9 所示。

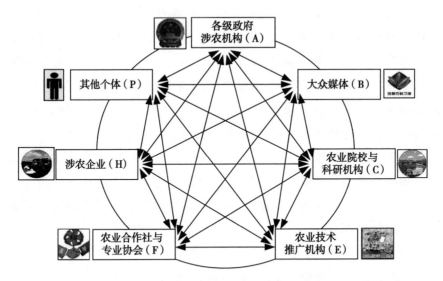

图 2-9 传播主体间的分布式信息链结构模型

各级政府涉农机构与其他传播主体间要进行双向沟通交流，同样大众媒体、农业院校与科研机构、农业技术推广机构、农业合作社与专业协会、涉农企业、其他个体都分别需要与对方进行双向沟通交流。按照图论的相关原理和方法，从各级政府涉农机构与大众媒体、农业院校与科研机构、农业技术推广机构、农业合作社与专业协会、涉农企业、其他个体之间的双向交流可以用数学公式（2-9）表达为：

$$G_6 = (I, J)$$
$$I = (A, B, C, E, F, H, P) \quad\quad (2\text{-}9)$$
$$J = \{(A, B), (B, A), (A, C), (C, A), (A, E), (E, A),$$
$$(A, F), (F, A), (A, H), (H, A), (A, P), (P, A)\}$$

其中，G_6 表示传播主体间的双向沟通交流模型图，I 表示图 G_6 中顶点的集合，J 表示图 G_6 中有向边的集合。集合 I 中 A 代表各级政府涉农机构，B 代表大众媒体，C 代表农业院校与科研机构，E 代表农业技术推广机构，F 代表农业合作社与专业协会，H 代表涉农企业，P 代表其他个体。

集合 J 中 (A, B)、(B, A) 表示政府涉农机构与大众媒体间的双向沟通交流；(A, C)、(C, A) 表示政府涉农机构和农业院校与科研机构间的双向沟通交流；(A, E)、(E, A) 表示政府涉农机构和农业技术推广机构间的双向沟通交流；(A, F)、(F, A) 表示政府涉农机构和农业合作社与专业协会间的双向沟通交流；(A, H)、(H, A) 表示政府涉农机构和涉农企业间的双向沟通交流；(A, P)、(P, A) 表示政府涉农机构和其他传播个体间的双向沟通交流。

同样地可得到其他传播主体间的沟通交流传播模型，在此不再赘述。理想的状态是传播主体在各级政府的主导下，通过良好的沟通交流机制，发挥不同传播主体的能动性，分工协作、各司其职地完成农业信息传播任务。

（三）自下而上的互动信息链结构建模

分布式互动信息链结构中纵向结构包括自上而下和自下而上两种。自上而下的纵向信息链结构在上一小节中已经详细建模，这里不再进行建模。分布式互动信息链结构中自下而上的模型以政府传播系统为例，具体模型如图 2-10 所示。

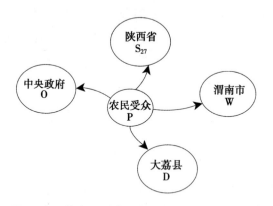

图 2-10　从农民受众到各级政府信息传播模型

分布式互动信息链结构中自下而上的互动模型从农民受众开始，到县级政府、市级政府、省级政府和中央政府。按照图论的相关原理和方法，从农民个体到县级政府、市级政府、省级政府和中央政府的信息扩散模型可以用数学公式（2-10）表达为：

$$G_7 = (U, V)$$
$$U = (P, D, W, S_{27}, O) \qquad (2-10)$$
$$V = \{(P, D), (P, W), (P, S_{27}), (P, O)\}$$

其中，G_7 表示从农民受众向各级政府的信息传播模型图，U 表示图 G_7 中顶点的集合，V 表示图 G_7 中有向边的集合，其中 P 代表农民受众，D 代表大荔县政府，W 代表渭南市政府，S_{27} 代表陕西省政府，O 代表中央政府。集合 V 中 (P, D)、(P, W)、(P, S_{27})、(P, O) 分别代表信息从农民受众扩散传播到大荔县政府、渭南市政府、陕西省政府、中央政府。

通过上述两种模型的建立，进一步了解了农业信息传播体系中分布式互动信息链结构中传播主体间沟通交流机制和纵向信息传播结构及其特征，主要表现出了系统性、交互性、坚持以农民为中心等特征。传播结构的核心问题不在于农业信息传播活动的边界界定，也不在于以政府为主，还是以媒介和渠道为重，而在于通过传播结构优化，确保农业信息传播体系有序运行。不可否认，政府在农业信息传播中有重要地位和作用，但是必须明确农业信息的传播需要分布式互动信息链传播结构，发挥不同层级信息传播组织的积极性和不同媒介与渠道的优势，即能够合理、高效地传播农业信息，还能够自下而上的传播农民的信息需求，表达农民的话语权。

三　农业信息传播体系的运行

农业信息传播体系是一个绝对运动和相对静止的复杂开放系统。绝对运动是就农业信息传播体系的运行而言的，运行是动态的、绝对的。相对静止是就农业信息传播体系的结构而言的，结构是静态的、稳定的。在一定的传媒条件下，农业信息传播体系的结构呈现相对稳定的状态，但是这种状态并不是一成不变的，它不仅处于自身运行的过程之中，而且还处于技术不断革新的社会变革之中。农业信息传播体系的运行是就农业信息在体系结构中流动的传播过程而言的，因此是动态的。

　　由于社会信息系统的运行是一个动态过程，无论是它的变迁还是运行，[①] 都会辐射到农业信息传播体系的构成要素上来，从而引起农业信息传播体系的动态过程性。考察农业信息传播体系的运行，必然要研究农业信息传播体系的要素、结构及其关系与社会变迁之间的内在联系。通过对农业信息传播体系的整体性和动态过程性的考察，可以较为清晰地看到体系运行的内在机制。

　　农业信息传播体系不仅是一个多方面、多层级要素的有机结合，具有系统的整体功能，而且它也是一个各要素相互作用、相互渗透的过程，具有动态过程性的特征。农业信息传播体系的动态过程性主要表现在诸要素和子系统处在不断变化的过程之中，并与传播主体所处的政治、经济、文化、技术等环境的发展、变化相联系，要考察农业信息传播体系的运行必须了解体系所处的环境以及内部的运行逻辑。主要包括两个方面：一是体系与外部的信息交流与能量交换，即社会信息系统本来就是一个开放的运行过程，它的运行和变迁都会影响到农业信息传播体系内的各个要素上，从而引起农业信息传播体系的动态过程性。二是体系内农业信息的传播与流动，这是由"三农"的需求而决定的。

　　通过对农业信息传播体系整体性和动态过程性的描述，可以比较清晰地看到农业信息传播体系运行的内在机制。特定的农业信息传播体系是处在特定的物质生产方式时代，社会运行规则映射到了体系的运行上，以及社会主体的存在状态、思维逻辑、行为方式也都会影响体系的运行。特定时代的政治、经济、文化、技术形成了体系运行的社会背景，外部社会诸要素都将影响农业信息传播体系内部的运行，使得农业信息传播服务于这个时代的政治、经济、文化，并最终服务于这个时代的"三农"，为实现农业现代化创造有利条件。

　　农业信息传播体系的内部运行建立在农业信息传播体系结构基础之上。结构是要素的秩序，运行是信息在结构中流动的过程。一方面，农业信息传播体系内信息由上向下流动，传播各级政府、媒体和

---

　　① 夏锦文：《论法制系统的要素结构及运行机制》，《学海》1995 年第 2 期。

社会组织的各类信息，并在宏观上传播"三农"发展所需要的信息。另一方面，农业信息传播体系内围绕农民的信息需求由下向上提出信息要求，通过不同级别、不同媒体和不同渠道来解决个性化的信息需求。因此，农业信息传播体系内的信息流动有两条支流，一条是单向的信息流，这种信息流是直接传播到农村的信息，是"三农"发展所需要的信息。另一条是满足"三农"需求的信息流，这种信息流是个性化的，是互动式的，这种信息流更加符合当前农村的发展。两种信息流都是农村发展所需要的信息。因此，农业信息传播体系的诸多要素都要围绕这两个信息流来进行高效、合理、科学地传播。

农业信息传播体系的内部传播系统是传播信息的核心，系统内要素相互影响，促进信息的流动，而外部保障系统亦是为内部传播系统服务的，通过传播政策、传播法规、传播体制、传播机制来约束和调控内部传播系统以达成农业信息传播体系的目标。

第三节　农业信息传播体系重构模型

农业信息传播体系重构是在农业信息传播实践的基础上进行的一项漫长的系统优化工程。既要注重宏观的政治、经济、文化制度和技术环境变革，还要熟悉宏观环境变革对农业信息传播体系内各子系统或要素的影响作用。当农业信息传播体系内两大系统八个子系统或要素落后于时代要求时，必将阻碍农业信息传播实践活动，反之则引领农业信息传播实践。因此，农业信息传播体系重构应始终保持与经济社会发展同步。农业信息传播体系的重构主要是在原有农业信息传播体系中进行部分子要素的革新或者增加，包括对不合时宜旧内容的删除与新内容的增加。本节内容主要是根据基因重组理论构建农业信息传播体系重构模型。

一　农业信息传播体系重构

基因重组理论是生物学的重要理论之一。基因重组模型包括同源重组、位点特异性重组、双链断裂重组、染色体重排、模板选择性重组和基因转座六种重组方式。社会科学研究人员很早就将生物学基因重组理论应用于社会科学领域，用来分析和解决社会科学问题。

农业信息传播体系的重构就是在认清原有体系内各子系统或要素特征的基础上，通过协调传播主体、更新理念思路、引入新媒介技术、制定新政策、创新体制机制等方式和手段推动原有体系更迭，使原有体系演化为新体系的过程。基因重组理论模型为农业信息传播体系重构提供了基本思路和方法。

在农业信息传播体系重构时，新观念、新技术、新方法、新媒介、新内容、新的政策法规、新的体制机制等构成不同类的外援基因。首先对体系内落后基因进行删除操作，然后对外援基因进行插入操作来推动农业信息传播体系的系统性转变。经过不断尝试与操作，达到相对稳定的状态，以更加适应经济社会发展对农业信息传播体系的要求。具体如图2-11所示。

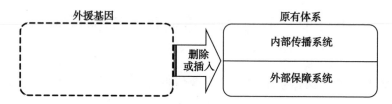

图2-11　外援基因对原有体系的重构

农业信息传播体系的重构是在原有农业信息传播体系基础上对落后基因进行删除和外援基因进行插入操作后发生的。从原有体系到新体系的重构，在数学上是一个函数映射过程，即从左到右实际上是函数关系。如图2-12所示。

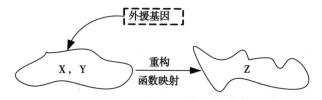

图2-12　外援基因重构原有体系生成新体系

设 X = (x_1, x_2, x_3, x_4)、Y = (y_1, y_2, y_3, y_4)，外援基因加入原有农业信息传播体系 (X, Y) 后，新生成的农业信息传播体系可以用数学函数公式 (2-11) 表示为：

$$Z = f(X, Y) \qquad\qquad (2-11)$$

图中 (X、Y) 构成的原有农业信息传播体系在外援基因作用下，经过不断尝试与操作后，生成相对稳定的新农业信息传播体系 (Z)。其中 X 表示内部传播系统，x_1 表示传播者系统，x_2 表示受众系统，x_3 表示传播媒介与渠道，x_4 表示农业信息；Y 表示外部保障系统，y_1 表示传播政策，y_2 表示传播法规，y_3 表示传播体制，y_4 表示传播机制。新生成的农业信息传播体系与原有农业信息传播体系在外援基因操作下是函数映射关系，表明新生成的农业信息传播体系是在原有农业信息传播体系基础上重构发展演变而来。

具体在内部传播系统重构时，首先对内部传播系统中落后的、不合时宜的基因进行删除操作；然后将新主体、新观念、新技术、新方法、新媒介、新渠道、新内容等外援基因插入内部传播系统。以适应农业信息传播体系对内部传播系统的要求。具体如图 2-13 所示。在外部保障系统重构时，同样对外部保障系统中落后的、不合时宜的基因进行删除操作；然后将新政策、新法规、新体制、新机制等外援基因插入外部保障系统，以适应农业信息传播体系对外部保障系统的要求。具体如图 2-14 所示。

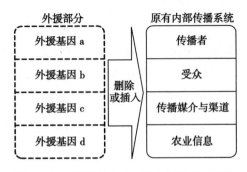

图 2-13 外援基因对内部传播系统的重构

原有农业信息传播体系的基因删除或插入操作也不是一次性完成

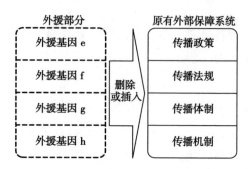

图 2-14　外援基因对外部保障系统的重构

的，而是持续不断地进行。农业信息传播体系进行删除落后基因或插入外援基因后，需要一个与原有基因相互适应的过程，在一段时间内进行有效融合，达到相对稳定的状态，以更好地服务于农业现代化建设与农民发展。

二　农业信息传播体系重构建模

在农业信息传播体系的重构过程中，可以利用数学算子进行基因重组建模，通过基因算子的删除与插入来重构农业信息传播体系。本节以农业信息传播体系内部传播系统为例，来建立重构模型，同样地外部保障系统的重构模型也可以得出，具体不再赘述。首先删除内部传播系统中旧的、落后的基因，然后再插入新的、符合时代发展的基因。以下是基因操作的具体方法①：

设基因为 $S(a_1, a_2, \cdots, a_n)$，F 是数学算子操作，$S'(a'_1, a'_2, \cdots, a'_n)$ 为 $S(a_1, a_2, \cdots, a_n)$ 变异后的基因，基因变异数学上可以表示为 $F(S) = S'$。其形式有两种算子：

$S(a_1, a_2, \cdots, a_n)$ 片段 $(a_i, \cdots, a_k)$ 被删除后突变成为 $S(a_1, a_2, \cdots, a_{i-1}, a_{k+1}, \cdots, a_n)$，见图 2-15 所示。公式为：

---

① Zhang Kai, "Software Gene Recombination", *World Automation Congress*, IEEE, 2012, pp. 475-479. Zhang Kai and Zhang W., "Genetic Interpretation of American Financial Bailout: Gene Recombination Model and Its Application", *International Conference on Management of E-Commerce and E-Government*, IEEE Computer Society, 2011, pp. 76-83.

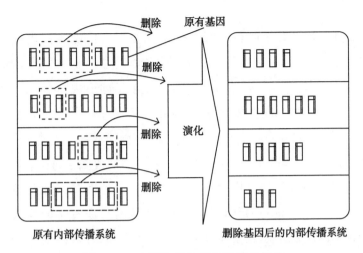

图 2-15 内部传播系统删除基因操作

$$O \rightarrow S(a_1, a_2, \cdots, a_n) = S(a_1, a_2, \cdots, a_{i-1}, a_{k+1}, \cdots, a_n)$$
$$(2-12)$$

$S(a_1, a_2, \cdots, a_n)$ 中插入 $(a'_j, \cdots, a'_l)$ 片段突变成为 $S(a_1,$ $a_2, \cdots, a_i, a'_j, \cdots, a'_l, a_k, \cdots, a_n)$，见图 2-16。公式为：

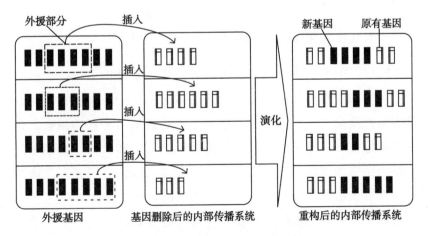

图 2-16 内部传播系统插入基因操作

$$(a'_j, \cdots, a'_l) \downarrow S(a_1, a_2, \cdots, a_n)$$
$$= S(a_1, a_2, \cdots, a_i, a'_j, \cdots, a'_l, a_k, \cdots, a_n) \quad (2-13)$$
其中，O 为空序列，"$\rightarrow$"是"删除"算子，"$\downarrow$"是"插入"

算子。

　　图 2-15 中左图分别表示四个子系统或要素，虚线框内表示需要删除的 $(a_i, \cdots, a_k)$ 基因片段，通过如公式（2-12）的删除操作后，突变为 $S(a_1, a_2, \cdots, a_{i-1}, a_{k+1}, \cdots, a_n)$，即形成图 2-15 中右图。图 2-16 中左图内小虚线框内表示需要插入的 $(a'_j, \cdots, a'_l)$ 外援基因片段，通过如公式（2-13）的插入操作后，突变为 $S(a_1, a_2, \cdots, a_i, a'_j, \cdots, a'_l, a_k, \cdots, a_n)$，即形成图 2-16 中右图。经过删除基因和插入外援基因两个操作步骤后，外援基因片段被插入原有内部传播系统，新的内部传播系统由新基因与原有基因构成，新基因与原有基因组织形态发生了变化，新基因、原有基因需要融合，这种融合需要时间，融合后达到相对稳定的状态，至此内部传播系统重构完成。类似地，外部保障系统也用同样的原理完成重构。事实上，这一重构的过程在持续不断地进行，直到达到相对稳定的状态。重构后的内部传播系统与重构后的外部保障系统一起共同作用，最终整合为新的农业信息传播体系，科学、合理、有序工作，确保农业信息传播体系的各项功能和价值实现。

三　农业信息传播体系重构方法①

　　生物基因重组理论为重构农业信息传播体系提供了理论上和方法上的指导。农业信息传播体系如同人的体态特征一样是由一系列复杂的基因组所决定的，农业信息传播体系是各种基因要素的组合，也正是这些基因要素决定了农业信息传播体系的功能和价值。人们通过对大量基因图谱的研究，对人类基因的组合排列方式有了逐渐清晰的认识，而在农业信息化领域，一个崭新的基因重组工程初见端倪。

　　简单来说，基因要素就是农业信息传播体系内可以带来特定价值产出的要素，这些价值基于农业信息传播体系内的八个子系统或要素，如技术、政策和体制。新媒介技术是一种基因要素，同样，政策

---

　　①　此小节借鉴了王伟于 2005 年 2 月发表在《中国工业经济》上的文章《基于企业基因重组理论的价值网络构建研究》的部分观点，在此表示感谢。

设计和传播模式也都可以是基因要素。从本质上来讲，农业信息传播体系内的各要素本身也在不断整合为基因组，内部基因组通过不断与外援基因重组以后，形成强有力的、功能完善的新体系。下面以新媒介技术的更新为例来说明重构的方法。

新媒介技术的发展和普及为农业信息传播体系的重构带来了活力。现代信息通信技术将人类带进了地球村，快速、便捷、交互、全天候等都是其核心的"基因密码"。互联网的发展同样为农民与外部世界的交流沟通带来了种种可能，使得信息获取成本不断下降，农民比以往更容易走进"地球村"。当新媒介技术作为一个基因要素出现在农业信息传播体系内时，新的威胁与机遇同时出现。对传统媒介技术来讲形成威胁，对农业信息传播体系整体来讲，当然是机遇。新媒介技术的引入不仅是对农业信息传播体系内部传播系统的革新，还对组织形态、传播模式、运行体制、传播机制等方面产生重要影响。新媒介技术作为新的基因要素首先要与传统媒介要素不断融合，融合的过程中，需要传播政策、传播模式等要素的变革，这些基因要素的革新推动着农业信息传播体系的重构与演进，其他要素的重构原理也是一样的。事实上，新媒介技术不但本身创新了内部传播系统的传播媒介与渠道子系统，还与其他传统传播媒介融合带动媒介与渠道系统进行有效整合，发挥不同媒介技术的优势特征，同步发展并形成良好局面，着眼于长远传播效果的改进。这种创造价值的路径要比单个要素融入体系时创造的价值更大。

农业信息传播体系是一个复杂的开放系统。农业信息传播体系的重构是一项长期的系统优化工程，不仅涉及要素及体系本身，还涉及体系所处时空中的政治、经济、文化等宏观环境的制约。第三节是从理论上阐述了农业信息传播体系重构的思路、基本原理、基本模型和方法，基本原理和基本模型是简化部分特征而在理想状态下总结出来的。事实上，在实际应用过程中，重构农业信息传播体系会更加复杂，但理论和模型总是指导着实践的完善与发展，反过来又促进了理论的发展。

第四节　本章小结

农业信息传播体系理论来源于农业传播实践，理论反过来指导着实践，理论在指导实践的进程中得到丰富和完善。如何准确把握农业信息传播体系的本质和规律是建构农业信息传播体系的前提。本章主要阐述了农业信息传播体系的要素、结构和重构模型。基于第一章对农业信息传播体系相关概念的界定基础上，分别阐述从要素到结构再到重构模型的一步步建立。

建立农业信息传播体系理论模型的前提是要了解农业信息传播体系的基本要素。农业信息传播体系由内部传播系统和外部保障系统两个子系统构成。内部传播系统有农业信息、传播者系统、受众系统和传播媒介与渠道四个要素；外部保障系统有传播政策、传播法规、传播机制和传播体制四个要素。本部分首先运用数学函数公式来表达内部传播系统和外部保障系统的关系。

政府作为农业信息传播的主体之一，是传播者系统的主要力量，引导着其他机构、组织及个体在传播者系统中发挥各自的优势，不断促进传播者系统良性循环。目前我国农民仍然是农业发展的主力军，农民作为受众主体，农民群体的多样性表现了农民群体水平参差不齐，必须不断推进农业信息传播实践，才能更好地服务于农民。媒介技术平台与渠道作为链接农民与信息资源的方式，针对信息资源的多样性，传统媒体的革新和新媒体的出现使得信息资源能够更加有效地传播，并提供了更多的平台和渠道。另外，外部保障系统还通过传播政策、传播法规、传播体制和传播机制等方式和内部传播系统协调发展，来保障农业信息传播体系的科学有序运行。

在结构上，本章简要概述了单向度纵向信息链结构以及从五个层面分别用模型图和函数公式进一步阐明了农业信息传播体系的单向性、层级性、缺乏交互性等特征。同样地，在概述分布式互动信息链结构的基础上，对传播主体间的分布式信息链结构和自下而上的互动信息链结构两种结构进行建模，分析了农业信息传播体系的运行本质与规律，进而对农业信息传播体系进行重构建模。生物基因重组理论为农业信息传播体系重构建模提供了新思路，而新媒介技术则为农业信息传播注入了新动力，使得农业信息传播体系更好地实现和满足"三农"的需求。本章的理论框架仅从理论上来分析农业信息传播体系重构，在实践中仍然需要不断完善和发展。

第三章

国内外农业信息传播体系建设经验借鉴

马克思认为，作为交往工具的媒介是随着科学技术的革新而发展的。对人类传播活动的考察首先要考察传播媒介技术，传播媒介技术的革新与突破促进了人类传播活动的进步与发展。农业信息传播实践的变革是由传播工具的技术革新引起的。自人类社会诞生以来，有了农业活动就有了农业信息的传播、交流活动，农业信息传播活动随着人类社会变迁而进步，随着人类社会传播媒介技术的发展和农业信息需求而发展。本章首先对我国农业信息传播体系的建设进程进行了回顾，对我国农业信息传播体系建设进程中的特征趋势进行了梳理。同时，通过对美、加、英、德、法、日、韩等国的农业信息传播实践进行考察，归纳出国外农业信息传播体系建设的主要经验。

20世纪以来，广播、电视、互联网等电子化媒介兴起。20世纪80年代，广播、电视技术在中国农村地区逐渐普及，农业信息传播活动越来越受到政府、媒体、高校专家学者的重视。结合我国农村地区媒介技术使用状况与变化发展，本书将我国农业信息传播体系建设进程划分为四个阶段：萌芽阶段、初期发展阶段、快速发展阶段、融合发展阶段。这个复杂的建设进程是传播媒介不断被应用于农业信息传播过程的历史，也是社会信息系统不断发达，趋于完善的历史。

全世界各国都极其重视农业信息传播体系建设，一是为农民提供全面发展的信息环境，二是为农业发展提供良好的信息平台。发达国家由于技术、资金、理念等方面的优势，已经建立起完善、规范、科学的农业信息传播体系，并且在现代农业生产当中日益发挥着重要作用。发展中国家也通过不同的农业信息传播实践探索着适合本国国情的农业信息传播体系，纵观发达国家与发展中国家的农业信息传播实践，呈现以下几个值得借鉴的经验：政府为主的联合主体参与、先进的信息传播技术支撑、丰富权威的农业信息资源、信息素养较高的农民群体、完善的法律法规保障机制。这些为后续的农业信息传播体系重构提供了重要借鉴。

第一节　国内农业信息传播体系建设进程

一　萌芽阶段

随着 20 世纪初广播的诞生，中期电视与计算机的诞生，末期计算机网络的诞生，人类迎来了电子化传播的崭新时代，农业交往实践跨越到了借助于无线电技术传播的萌芽阶段。这一阶段，诞生了许多先进媒介，摄影、电影、广播、电视、计算机、互联网等技术和媒介先后被发明并应用，人类社会逐步进入了工业社会到信息社会的过渡阶段，但这些技术的应用并没有立刻进入农业信息传播领域，而是随着社会的发展和技术的普及，逐渐应用到农业信息传播领域。

近代以来，中国乡村社会变迁是随着工业化、城市化和现代化的历史进程缓慢展开。电子媒介革命以来诞生的这些先进媒介技术在农业信息传播领域开始了有益的基础性探索。这一时期，幻灯、电影、广播、摄影等新媒介技术被一小批社会精英尝试作为农业信息传播的手段，形象化地为农民呈现农业信息。这些先进的媒介技术在中国仅处于小面积试验阶段，没有大规模使用，但新媒介技术的特征确已表现出来，提供了可视化形象，使农民更容易理解，也便于推广，对各种农业技术的传播起到了较好作用。

这一阶段，在小部分社会精英的带领与推动下，我国农业信息新媒体传播在理念和实践应用方面都有尝试。1905 年，张家隽、贺澄源、梁恩钰等人创办了《北直农话报》，成为我国北方地区创刊最早的农学刊物，对解放思想、提高民众科学民主意识具有积极意义，尤其是对农业科技传播起到了史无前例的推动作用①。1912 年，民国政府设置农林部，并兴建了多个农业试验场，开展农业技术推广工作，政府后来还专门制定了《农业推广规程》②。1919 年，南京大学农科请来了美国优质长绒棉推广专家郭凤仁（T. B. Griffing），郭凤仁是美国发起用电影教棉农种植优秀棉花的大专家。他把种植棉花的方法采用电影技术拍下来放给农民看，农民一看马上就学会种新棉③。1923 年，中国教育家陶行知在长沙、烟台、嘉兴举办大规模"千字课"试验，在嘉兴试验就用了幻灯④。1930 年，由中华平民教育促进会开办的河北定县实验电台开播，是中国第一座对农广播电台，形成了传播内容对象化、传播方式对象化、传受双方有效互动的媒介化特征⑤，是专门面向当地农民传播的广播电台。后来农业教育机构、高校电教机构、农业推广机构陆续在各地尝试用媒介技术向农民传播农业信息。此时，还采用发行小册子、传单、标语、开会和名人演讲等多种方式进行农业信息的传播实践，对当时的农业科技扩散、农业增产、农民素质提升起到了非常重要的促进作用。

总体来讲，这一阶段是农业信息传播的萌芽时期，新媒介技术从西方国家传播到我国，逐渐零散地应用于农业信息传播领域，以应用为导向传播农业技术，自发地、不系统地服务于农业生产领域，为未来农业信息传播体系的形成和发展奠定了基础。我国农业信息传播实践探索从此拉开了序幕，借助于先进的媒介技术，农业信息传播的效率明显提高，范围逐渐扩大，促进了农业生产效率提高。

---

① 鲁宏、陈燕：《〈北直农话报〉的农业科技传播特色分析》，《河北农业大学学报》（农林教育版）2005 年第 4 期。

② 丁亮、樊志民：《我国农业科技信息传播的现状、问题与对策》，《云南行政学院学报》2015 年第 3 期。

③ 孙健三：《南京大学早期的电化教育实践》，《电化教育研究》2006 年第 1 期。

④ 傅钢善：《现代教育技术》，陕西师范大学出版社 2007 年版，第 18 页。

⑤ 宫承波：《中国第一座对农广播电台考》，《现代传播》2005 年第 3 期。

二　初期发展阶段

中华人民共和国成立后，从50年代开始到70年代末，我国农业信息传播体系进入初期发展阶段。中华人民共和国成立初期，社会面貌发生了翻天覆地的变化，全社会民众建设社会主义的热情空前高涨，生产力得到了解放，给农业生产带来了活力。信息革命的深入影响和媒介技术的广泛普及与应用，给农业信息传播实践活动创造了基础性条件。1949年以后，中华人民共和国高度重视农民问题和农业信息传播问题，媒体对于农业的贡献具有不可替代的作用。

中华人民共和国成立后，报纸成为重要的信息传播阵地，积极为社会主义建设服务，形成了农村类报纸运行的基本理念：以"党性"为中心，以"宣传"为本位，以对工作的"指导"为重心。[①] 这一时期，报纸主题基本围绕整合农村社会、动员农民群众积极建设社会主义展开。1949年10月20日，《山西农民报》创刊，由毛泽东亲自题写报名，是专为山西广大农民群众及区村干部服务的通俗报纸，[②] 是中华人民共和国第一份农业类报纸。1963年1月，《南方日报农村版》创办，1994年更名为《南方农村报》，创办初期就着力为农村、农民服务，致力于解决农民需要解决的问题。1949—1978年，中国一直是一个"社会高度一体化，整个社会生活几乎完全依靠国家机器驱动的社会"[③]。这一阶段，报纸成为党和政府重要的信息传播平台，创办的农业类报纸积极探索为农业生产生活服务，呈现为农服务的特征，以农民通俗易懂的方式传播农民需要的信息，并且与地方生产生活紧密结合，能够有效指导与服务农业生产实践活动，另外通过报纸媒介搭建了交流经验的平台，加强了受众与传播者、基层与政府的间接互动。

中华人民共和国的广播电视事业是在继承延安时期人民广播电台

---

① 陈娟：《中国农村类报纸的历史变迁——基于媒介社会角色的视角》，《国际新闻界》2012年第6期。

② 康溥泉：《〈山西农民报〉的创办》，《文史月干》2001年第7期。

③ 孙立平：《现代化与社会转型》，北京大学出版社2005年版，第206页。

的光荣传统基础上完善和发展起来的，始终坚持为人民服务的良好传统是中华人民共和国广播电视事业发展的基本出发点。1950 年，建立和完善中央广播机构和管理机构，配合国家政策、方针展开工作，其中就包括了对农广播。"文革"时期，广播事业同样遭受了严重破坏和摧残，1976 年以来，部分地区的广播电视事业得到恢复，工作开始步入正常轨道①。1958 年，北京电视台（中央电视台的前身）成立，创办初期主要以引进纪录片、科教片为主，自办节目能力较差，在电视节目开播后，虽然有与农业、农村相关题材的农业节目出现，但内容较少，这一阶段还没有专门的农业专业电视栏目出现，且农村地区很少有电视机，达不到收看节目的条件②。同时，新闻媒体作为社会主义革命事业的一部分，具有极强的政治色彩，围绕党和政府的中心工作展开新闻报道与信息传播活动。由于广播和电视媒介技术的引进与普及程度不同，这一时期广播比电视更加完善。

　　农业推广组织、农业合作社制度在全国重新开始试点建设。1951 年，中共中央颁布《关于农业生产互助合作的决议（草案）》，以办互助组为主，同时试办农业合作社，尝试以国营农场为中心的农业技术传播模式，并给农业互助组和合作社以技术上的援助和指导。1953 年，农业部颁布了中华人民共和国成立后的首个农业推广文件《农业技术推广方案（草案）》，要求各级政府设立专业机构，配备专业人员，开展农业技术推广工作，建立以农场为中心、互助组为基础、劳模和技术员为骨干的农业技术推广网络③。20 世纪 50 年代颁布了许多关于农业技术推广的相关条例、政策等文件，初步形成了中央、省、市、县、乡五级农业技术推广网络。然而在 1958—1960 年人民公社化时期，大批农技人员被下放。1966 年"文革"开始，农技推广工作被迫中止。1974 年，全国推广湖南华容县"四级农科网"经验后，浙江省 90%的人民公社建立起科技站，70%的生产大队建立起

---

①　黄勇：《论新中国六十年广播电视的发展道路》，《现代传播》2009 年第 6 期。

②　王永满：《中国农业电视的由来与发展》，《中国电视》2009 年第 7 期。

③　潘宪生、王培志：《中国农业科技推广体系的历史演变及特征》，《中国农史》1995 年第 3 期。

科技小组。[①] 1949 年后百废待兴，农技推广工作得到空前发展，但三年自然灾害和"文革"等原因使农技推广工作停滞不前。

综上所述，这一时期农业信息传播处于初期发展阶段：农业类报纸创办；广播是重要的对农传播媒体；电视媒体正在兴起，但涉农节目少、电视机普及率低；农技推广机构与体系逐步建立。"文革"以来，媒体、农技推广机构受到了严重摧残，设备、资料被破坏，使我国的农业信息传播活动处于瘫痪状态。这一时期的农业信息传播呈现以下几个特征：一是农业信息传播实践以政府为主导，其他单位参与；二是农业技术推广体系发展迅速，各种工作方案、制度、政策等出现并不断完善；三是报纸和广播等媒体是农业信息传播的主阵地，传播活动与农业生产生活关系密切，而电视媒体则刚刚起步。农业信息传播体系在初期发展阶段已见雏形，这一体系还极不完善，但为后续的进一步完善和发展打下了坚实基础。

三 快速发展阶段

1978 年，党的十一届三中全会把全党的工作重心转移到了经济建设上来，这是中华人民共和国历史上一个全新的发展阶段，全会后中共中央提出了一系列恢复和发展农业生产的相关政策，出台了《中共中央关于加快农业发展若干问题的决定》等一系列文件，为未来的农业发展指明了方向。随着家庭联产承包责任制的推行，农业生产力得到了极大解放，农民的积极性空前高涨。党的十一届三中全会是我国农业信息传播体系建设进程的重要转折点，标志着建设进程进入快速发展阶段，在随后稳定的政治、经济和社会背景下，发展迅速，取得了显著成绩。

这一阶段由于政治、经济、社会环境发生了翻天覆地的变化，作为大众传播最重要媒介之一的报纸在农业信息传播中扮演了重要角色，特别是 20 世纪 80 年代以来农业类报纸得到了较快发展。随着农

---

① 扈映：《我国基层农技推广体制研究：一个历史与理论的考察》，博士学位论文，浙江大学，2006 年。

民对农业新技术、新品种和市场信息的需求增加，农业类报纸为了顺应这种变化，为农民传播了大量的实用性信息，成为对农传播最重要的平台之一。20 世纪 90 年代以来，随着电视机在广大农村地区逐渐普及，电视媒体成为强势媒体，农业类报纸呈现被边缘化的趋势。在市场化进程中，部分农业类报纸甚至退出了历史舞台。相比其他类大众媒体，这一时期的农业类报纸发展呈现先快后慢的趋势。

改革开放以来，伴随着农民日益增长的信息需求与农业生产生活的现实需要，报纸、广播、电视等大众媒体在农业信息传播中扮演了重要角色，是农业信息传播体系中最重要的力量。1983 年，第十一次全国广播电视工作会议在北京召开，会议确定了"四级办广播、四级办电视、四级混合覆盖"的广播电视事业建设方针等改革措施。在会议精神指引下，农村广播电视事业得到了空前发展，利用无线与有线、卫星与地面传输相结合的传播方式，诞生了农村专业频道，一批对农传播的节目和栏目相继问世，建立起了现代农业广播电视传播体系。20 世纪 80 年代，随着我国农村事业与农民生产生活的变化，中央电视台社教部与农牧渔业部宣传司合作创办了《农业知识》栏目，这是我国第一个农业专业电视栏目[①]。此后，多个省级电视台创办了涉农专业栏目，向农民传播农业科技、致富信息、政策等农民急需的相关电视节目信息。1986 年 12 月，国务院决定成立"农科电视频道"。农业电视走上了栏目化和频道化的发展阶段。1986 年 10 月，中国农业电影制片厂开始进行筹备。1987 年，"农业教育与科技"卫星电视栏目开播。1990 年，中国农业电影电视中心由多个涉农电影电视部门改制后成立。1990 年以来，多个省级卫视相继创办了 20 多个农业电视栏目，如山西电视台《黄土地》、新疆电视台《农牧天地》等。1995 年 11 月 30 日，CCTV-7 农业专业化频道正式开播。这一阶段，电视媒体在农村生产生活中扮演的角色越来越重要。

20 世纪 90 年代前，广播作为农村地区最主要的大众传播媒体之一，在农村发展当中起到了不可替代的作用，是政府对农传播的宣传

---

① 王永满：《中国农业电视的由来与发展》，《中国电视》2009 年第 7 期。

阵地，是农民接受信息的主渠道和娱乐载体，具有重要的影响力。到1988 年，全国农村有线广播的通播率在 71% 以上，广播喇叭拥有量8000 多万只，入户率稳定在 41%[①]。农村广播由于紧扣农民的需求，精办节目，发挥了传播信息、宣传整合、提供娱乐等多项功能，是中华人民共和国成立以来广播社会功能发挥最全面的时期[②]。20 世纪 90年代后，由于电视的迅速发展，农村广播式微。

随着农业生产的需要，这一阶段完善了中央、省、地市、县区、乡镇五级农业信息推广体系。1983 年 7 月 7 日，农牧渔业部颁发了《农业技术推广条例（试行）》，对农业技术推广的机构、任务、队伍、设备、经费和奖惩等做出了规定，进一步规范了农业信息服务的范围，调动了广大农技推广员的积极性，农民急需的农业科技信息等得到了满足。从 1949 年到 1985 年末，我国共培育出 3400 多个优质高产新品种，使粮食作物新品种在全国范围内更换了 5 次，每次增产10% 以上[③]。1989 年，国务院颁布了《关于依靠科技进步振兴农业，加强农业科技成果推广工作的决定》，指出农业发展一靠政策，二靠科技，三靠投入。强调了农业科技成果对农业生产的重要性，建立健全多种形式的农业技术推广服务体系，广辟资金来源，增加农业科技投入。

20 世纪 90 年代，随着经济体制的改革，农业由计划经济逐渐向市场经济转变，农业外部的环境变了，政策、制度等也做出了相应调整。1991 年，国务院出台了《关于加强农业社会化服务体系建设的通知》，明确了农技推广体系在市场经济条件下的建设方向。1992年，农业部、人事部联合颁布了《乡镇农业推广机构人员编制标准》，明确乡镇一级要建立农技、畜牧兽医、农机、水产、经管五站，实行定岗、定编、定员的编制工作。1993 年 7 月 2 日，《中华人民共和国农业技术推广法》正式颁布，标志着我国农业科技与信息传播工作走上了法制化轨道，农业信息传播工作进入了一个崭新的阶段。到 2000

---

① 徐光春：《中华人民共和国电视简史》，中国广播电视出版社 2003 年版，第 97 页。

② 李慧玲：《农村有线广播的历史和现状》，《青年记者》2007 年第 9 期。

③ 王耀崇：《关于科技兴农的几点思考》，《桂海论丛》1991 年第 6 期。

年，全国种植业推广系统共有机构 53478 个，人员 407387 人。其中县级机构 7655 个，人员 162693 人；乡级机构 44563 个，人员 220851 人①。这一时期，建立起了相对完善的政策、机构、队伍等，对当时的农业生产生活起到了重要的推动作用。另外，在农业科技推广体系之外，农民专业合作社也是农业科技信息传播的重要阵地。

综上所述，这一阶段的农业信息传播体系建设进程呈现以下几个方面的特征：一是由政府主导的农业技术推广机构、大众传播媒介等都得到了空前发展，为农业增产和农民发展做出了重要贡献；二是从农业信息传播体系的外部保障系统来看，政策、法规、体制、机制等也在逐渐建立和完善，特别是农业信息传播领域的第一部法律诞生；三是 20 世纪 80 年代农业信息传播体系研究逐渐兴起，从多学科视角关注了广播、电视、报纸在农业生产生活当中的应用等；四是在传播过程中，受那一时期西方传播学理论影响，农民在农业信息传播体系中的地位不高，通常以传播者为中心向农民传播农业信息。

四　融合发展阶段

改革开放 30 多年来，中国经济保持高速增长，进入 21 世纪，经济社会各领域发生深刻变化，总体经济实力位居世界第二位，总体上达到基本小康水平，社会生产力、经济实力、科技实力得到较快发展，工业化基本实现，农业现代化成效显著。进入新世纪以来，中国农业进入崭新的发展阶段。自 2004 年起，中共中央、国务院连续 13 年以"一号文件"的形式关注"三农"问题，"三农"问题成为全党、全国工作的重中之重，党的十六届五中全会提出建设社会主义新农村，新农村建设与改革发展如火如荼。党的十八大以来，将新型工业化、信息化、城镇化、农业现代化协调推进，相互融合，同步发展。在经济社会发展进入"新常态"和"新四化"同步发展背景下，农业信息传播体系的发展迎来了融合发展阶段。

---

① 全国农业技术推广中心编：《前进中的中国农技推广事业：中国农业技术推广工作回顾与展望》，中国农业出版社 2001 年版。

这一时期由于报纸期刊的内容时效性不佳，版式陈旧，尤其是农业科技类稿件内容相对陈旧，发展陷入困境，其原因有三个方面：一是农业类报纸期刊的受众逐渐在萎缩，被逐渐兴起的电视和互联网吸引走了大批受众；二是农业类报纸期刊传播的内容不能很好地满足农民受众的需求；三是由于报纸期刊的发行难度大，农村地形复杂，交通不便。[①]农业类报纸期刊在农业信息传播体系中的地位和作用越来越小，期望能够通过互联网技术与报刊媒介融合来寻求新突破。

2005 年以来，党中央把"三农"问题提升到了全党全国工作的"重中之重"，国家广电总局把 2005 年确定为"农村服务年"。多年来改革开放的发展成果惠及农村传媒事业，广播电视事业蓬勃发展，对农电视传播达到了空前水平，而全国范围内专业对农广播频率较少。一方面通过"家电下乡""村村通"工程和政策的实施，满足了广大农民听广播、看电视的需要；另一方面广播电视数字化工程的推进，使得农村地区看到了更多更好的广播电视节目。广播电视已经成为我国农村地区最为普及、最为便捷的信息传播和文化娱乐工具。截至 2005 年，以电视为例，全国性的频道有 50 多个，区域性和专业性的频道有 1000 多个，经广电总局批准的对农电视频道有 5 套（CCTV-7、河北电视台农民频道、吉林电视台乡村频道、山东电视台农村科普频道、山东临沂电视台农村科普频道），占全国频道总数的0.4%[②]。总体上来讲，对农传播的广播节目和电视频道较少，针对农民科技普及和技能学习的节目更少。2008 年，我国首家农村科技卫星频道——陕西农林科技卫视开播，是专业从事农林科技推广的专业卫星电视频道，主要有《天天农高会》《科技大篷车》《农民讲习所》《村里村外》等栏目，涉及农民生产生活、创业致富、社会发展、文化娱乐等许多方面。韩梅（2009）认为尽管农业电视传播取得一定成绩，但还存在亟待解决的问题：一是节目总量严重不足，二是传播渠

①　王鲁美：《浅析涉农传播的历史反思与现实路径》，《新闻研究导刊》2015 年第9 期。

②　张海涛：《按照科学发展观要求全面加强农村广播电视工作》，《中国广播电视学刊》2006 年第 5 期。

道亟待拓宽，三是内容定位质量不高，四是管理体制与运行机制不顺，五是可持续发展能力差①。这一阶段，随着农村经济社会发展，广播发展缓慢，电视发展较快，但是离党和政府的要求和人民群众的期待还有差距。

自 1994 年我国接入互联网以来，互联网快速发展，引发新一轮对农信息传播变革。随着现代传媒技术的快速发展，农村现代传媒环境发生了深刻变化。截至 2016 年 6 月，中国网民规模达 7.10 亿人，互联网普及率为 51.7%，手机网民规模为 6.56 亿人。中国农村网民规模达 1.91 亿人，农村网民占网民总数的 26.9%，农村互联网普及率为 31.7%，使用手机上网的比例达到 92.5%。② 到 2015 年 3 月，长途光缆线路长度接近 93 万公里，全国 93.5% 的行政村开通宽带，4G 用户超过 1.6 亿户③。新媒体传播技术和手段的变革将打破原有的农业信息传播格局。新媒体传播具有信息传播速度快、交互性强等传播特征。农村传媒环境发生深刻变革后，部分传统媒体失去了受众，发展受到了挑战，而新媒体迎来了较好的发展机遇。

农村传媒环境发生变化后，部分农民利用智能设备方便地连接网络，这为新媒体服务于农业信息传播打下了良好的基础性条件。2007 年以来，国家使用现代传媒技术对农家书屋工程进行了改造，使得数字化的农家书屋更好地为农民提供信息服务。王仕勇（2012）认为数字化建设是推进农家书屋可持续发展的重要路径④。20 世纪 90 年代中期以来，中国农业信息网和中国农业科技信息网相继开通。2000 年前后，中国农副产品加工信息网、中国农业装备信息网开通⑤。截至 2014 年 12 月，农村网民网络购物用户规模达 7714 万户，年增长率高

---

① 韩梅：《农业电视节目发展浅探》，《山西农经》2009 年第 6 期。

② CNNIC 发布第 38 次《中国互联网络发展状况统计报告》，http://tc.people.com.cn/n1/2016/0803/c183008-28606650.html，2016 年 8 月 3 日。

③ 《我国长途光缆接近 93 万公里 4G 用户超过 1.6 亿》，http://www.xinhuanet.com/politics/2015-06-29/c_1115756326.htm，2015 年 6 月 29 日。

④ 王仕勇：《推进农家书屋数字化建设的思考》，《出版发行研究》2012 年第 8 期。

⑤ 于小燕：《我国农村电子商务发展现状与对策》，《经济导刊》2009 年第 12 期。

达 40.6%，是各互联网应用中农村网民规模增速最快的应用。农村网民网上支付用户规模为 6276 万户，较去年增长 38.1%。[①] 2015 年，商务部发布《"互联网+流通"行动计划》，第一个重点任务是积极推动电子商务进农村，促进农村电子商务发展，培育农村电商环境，把农产品通过互联网卖出去。一方面降低交易成本，带动农村消费；另一方面通过互联网把农产品销售到城镇市场，促进农村经济繁荣和发展。

新媒体在农村地区使用对于促进农业信息传播活动起到了不可替代的作用。农民可以通过互联网收看农业科普片，了解农产品技术信息，时刻关注农产品市场信息，发布供求信息，同样也可以收看影视节目，阅读数字化资料，进行文化娱乐活动。还可以智能手机的短信服务订阅相关信息，查询天气信息，了解农业政策信息等，新媒体服务价格低廉，应用操作简单，极大地方便了农民的生产生活。

2000 年以来，随着经济社会发展，农村进行了一系列的改革，包括税费、农村机构改革等。农村机构改革权力下放以后，基层农业技术推广组织的职能明显被削弱。2001 年，国务院发布了《农业科技发展纲要（2001—2010 年）》，提出要积极稳妥推进农业技术推广体系改革，大力调动农民和社会力量参与农业技术推广。2006 年，国务院出台了《关于深化改革加强基层农业技术推广体系建设的意见》，进一步强化了基层农技推广体系的改革和建设，设定了目标和改革的路径等。夏敬源（2009）认为进入新世纪以来，农技推广体系建设方面开展了改革试点、创办了科技示范场、推进了全面改革创新。通过这一时期的发展，确立了"一主多元"的农业社会化服务体系，突出了公益性职能。[②] 据不完全统计，我国目前有大约 1600 个农业科技研究机构，各级农业科技传播机构 20 余万个，农

---

① CNNIC 发布《2014 年农村互联网发展状况研究报告》，http://www.xinhuanet.com/zgjx/2015-06/24/c_134350923.htm，2015 年 6 月 24 日。

② 夏敬源：《中国农业技术推广改革发展 30 年回顾与展望》，《中国农技推广》2009 年第 1 期。

业相关学校近 600 所，还有 50 多万个农业技术服务组织和农业专业协会，上百万个科技示范户。① 这一阶段还陆续出台了促进农业科技推广的相关文件，如《农业科技成果转化资金项目管理暂行办法》《农业科技成果转化资金项目监理和验收办法》和国家科技成果重点推广计划，等等。2014 年，农业部出台《关于切实做好 2014 年农业农村经济工作的意见》，对农业科技信息传播和推广应用提出了新要求。② 近年来，政府的各类文件中相继都强调和重视对农业科技成果推广与传播工作，形成了符合中国农业发展的社会化农业科技推广体系，包括以政府为主导的推广模式、以大学和农业科技机构为依托的推广模式、农业专业合作社的推广模式等。

进入新发展阶段以来，农业类院校和科研机构认识到了农业信息传播对于"三农"问题的重要性，相继设立了新闻传播类本科专业，成立了农业信息传播科研机构，展开对农业信息传播的研究，包括农村受众研究、对农传播体制探讨、城乡数字鸿沟研究等。中国农业大学成立了乡村传播研究所，培育了一批新闻传播学者并取得了一系列优秀的农业传播研究成果；华中农业大学、华南农业大学、青岛农业大学等农业院校也设立了农业推广研究中心和新闻传播类专业；中国农业科学研究院于 2008 年成立了农业传媒与传播研究中心，开始培养农业信息传播类硕士研究生，并致力于农业信息的传播研究，这些农业信息传播教学科研机构培育了农业信息类传播人才，贡献出了许多有利于农业信息传播实践的研究成果。

在经济社会发展进入"新常态"后，农村现代传媒环境发生深刻变化，国家着力以信息化带动农业现代化建设。这一阶段的农业信息传播体系建设在取得巨大成绩的同时，还在不断完善之中，呈现出以下几个特征：一是政府主导和社会参与相结合；二是农民的传播主体地位进一步提高，农民的信息需求更加多元化；三是电视媒体在农业

---

① 丁亮、樊志民：《我国农业科技信息传播的现状、问题与对策》，《云南行政学院学报》2015 年第 3 期。

② 《关于切实做好 2014 年农业农村经济工作的意见》，http：//www. agri. cn/V20/SC/jjps/201402/t20140208_ 3753997. htm，2014 年 2 月 8 日。

信息传播体系中占有重要位置，互联网和移动互联网等新媒体在农村当中开始被重视，逐渐被使用起来；四是多元化的外部保障系统继续在完善。

第二节　国内农业信息传播体系
建设进程的特征趋势

我国农业信息传播体系建设进程是农村经济社会发展与媒介技术以及政府对农业信息传播活动重视程度共同作用的过程，促使其从兴起、初步建立、基本形成到融合发展的过程，是我国信息传播事业的重要组成部分。无论从我国农业信息传播体系建设的整体趋势来看，还是从四个发展阶段的阶段性特征来看，我国农业信息传播体系建设一直在朝着科学化、高效化、服务化的方向发展。通过对农业信息传播体系建设进程中诸多具体传播活动的考察与梳理，发现农业信息传播体系包含着以下四个方面特征趋势。

1. 农业信息传播体系建构主体由"精英自发"到"政府主导"，再到"政府主导与社会参与并存"，最终转向"农民自觉"

农业信息传播体系是动态开放的复杂社会信息系统。纵观农业信息传播体系发展的四个阶段，推动其变革的关键要素有两个：一是体系的建构主体，二是媒介技术的变迁。不同发展阶段体系建构的主体是不同的，在萌芽阶段是精英群体，他们试验将幻灯片、电影等媒介技术用于呈现农业科技信息。在初期发展阶段，除了精英群体的自发力量，政府逐渐介入农业信息传播活动，成为农业信息传播体系的建构主体，主导成立农业技术推广组织、报社、对农传播电台等，推动了农业信息传播事业的发展。在快速发展阶段，政府依旧是农业信息传播体系建构的主体，但随着个体创新的技术基础逐渐成熟，社会力量逐渐参与农业信息传播体系建构，并在体系中发展壮大，积极推动了农业信息传播体系的健康发展。在融合发展阶段，社会力量广泛参与农业信息传播活动，建构主体由政府主导逐渐向政府主导与社会力量并重的方向转变。未来还将进一步演变，演变为农民自觉自发建构农业信息传播体系，形成具有自适应机制特征的现代农业信息传播体系。因此，农业信息传播体系的建构主体由社会精英群体，逐渐过渡为政府主导，进而发展为政府主导与社会力量参与结合，最终将向农民群体自我建构、自我完善发展演变。

2. 农业信息传播体系中农民主体地位逐渐凸显

在传统社会向现代社会转型过程中，农民主体性与现代性得到提升，在农村经济社会发展中，农民的主体地位进一步得到凸显。长期以来，我国农民群体处于主流文化的边缘地带，既不掌握先进技术也不具备推动技术更新、社会发展的主体意识，往往是被动地参与技术变革和信息传播的接收者。早期的农业信息传播实践中，农民受众不被重视，信息传播活动无法满足农民的信息需求，传播者与农民处于不对等的传播两端，进而农业信息传播体系的功能未能很好地发挥出来。随着社会进步、农民自身的发展以及传播者理念的变化，农民在农业信息传播当中的主体地位逐渐凸显。

农民是农业信息传播体系最直接的服务对象和农业信息传播活动的核心参与者。在农业信息传播过程中，农民的角色和地位逐渐从传播客体向传播主体演变，农民的主体地位进一步得到凸显。但农民文化程度不高、思想观念落后、信息意识不强、信息能力不足等原因影响了其作为传播主体的角色。在农业信息传播体系建设进程中，我们既要准确把握农民自身的不足，又要逐渐确立农民的传播主体地位。

3. 农业信息传播体系的变革主要由媒介技术更新变化引领

媒介技术是农业信息传播体系发展演变的核心推动力量之一，是农业信息传播活动赖以进行的方式方法或工具手段，任何传播都需要媒介的参与，反过来不同的媒介技术引领着传播的变革。20世纪初，广播技术的诞生引起了广泛关注，延伸了人的听觉；20世纪上半叶，诞生了视听兼备的电视技术，又延伸了人的视觉；20世纪中后半叶，计算机互联网技术的诞生将处于不同时空的个体链接起来。这三次具有代表性的媒介技术革命一次比一次显示出科学技术的神奇与魅力，对用户（受众）的影响一次比一次深刻。不同时代，不同的媒介技术引领着传播革命，同样也引领着农业信息传播实践变革。

就媒介技术发展引起我国农业信息传播体系的变革的主要历程来看：1930 年，由中华平民教育促进会开办了中国第一座对农广播电台。20 世纪 80 年代，中央电视台和农牧渔业部创办了第一个涉农传播栏目——《农业知识》。20 世纪 90 年代，我国第一个专业化的农业电视频道诞生；同一时代，国家为推动和实施农业信息化，"金农"工程正式提出。由此可见，在农业信息传播领域，每一次引入新媒介技术后，原有的传播理念、工作方案、实施政策等都需要做出适应性调整，以最大化地发挥媒介技术的传播效率，提升农业信息传播的效果。

4. 农业信息传播体系保障系统建设滞后于农业信息传播实践活动

我国的农业信息传播体系共经历了四个发展阶段。在早期发展阶段，媒介应用不成熟，农业信息传播形式单一，暂不需要保障系统。进入初期发展阶段后，由政府推出的决议、文件、批示、工作方案等，对规范和约束农业信息传播活动做了有益尝试。然而，随着媒介技术在农业领域的广泛应用，农业信息传播进入快速发展阶段，农业技术推广、电视、广播、报纸等媒介与渠道发挥各自优势传播农业信息，农业信息传播活动发展迅速。与此同时，相应的保障政策、法规、体制、机制建设却相对滞后，跟不上实践的需要，阻碍了农业信息传播的进一步发展。进入 21 世纪，广播电视网、互联网等农村信息基础设施明显改善，新媒介技术逐渐服务于"三农"，逐渐完善了传播者系统、受众系统、农业信息、传播媒介与渠道系统等农业信息传播的核心系统。在内部传播系统逐渐改善的过程中，我国的外部保障系统一直滞后于农业信息传播实践活动与内部传播系统建设。在体系庞大、结构复杂、人员众多的情况下，规范、约束和激励传播主体参与农业信息传播过程是必要的。事实上，政策、法规、体制、机制等外部保障系统建设同等重要。目前已有学者和专家提出通过完善传播政策、法规、体制、机制等来解决农业传播瓶颈问题，外部保障系统的建设也越来越受到重视。

从我国农业信息传播体系建设进程来看，新的传播技术在不断被引入到农业信息传播实践的过程中，传播政策、制度、理念、认识随着技术变革和经济社会的发展而发展，农民的主体地位进一步增强，农业信息传播的能力也逐渐增强。梳理历史能够更好地为重构农业信息传播体系提供经验上的借鉴。

第三节　国外农业信息传播体系的经验借鉴

一　政府引导的联合主体参与

无论是发达国家还是发展中国家，各级政府都是农业信息传播主体中的核心。目前，在农业信息传播方面处于世界领先地位的美国、德国、法国、日本等发达国家，农业信息化和农业工业化齐头并进，并建立起了完善的农业信息传播体系。发达国家经验表明，农业信息传播体系作为现代农业的重要组成部分，必须建立起以政府为核心的众多主体参与的传播主体，政府在顶层设计、统筹规划、资金投入、基础设施更新、信息发布、政策引导等方面发挥着核心与协调作用，形成了媒体、农业科研院校、农业协会、合作社、农业企业等多主体传播格局。

美国是世界上农业信息化最发达的国家，美国政府建立起了以农业部管辖五大机构农业统计局、经济研究局、世界农业展望委员会、农业市场服务局、外国农业局为核心的国家、地区、州三级农业信息传播网络。[①] 这五大机构统领美国农业信息传播网络，分工明确、各司其职又相互协调工作，具有明确的任务，这是政府层面的主体。农业信息传播不仅是政府的事，更需要全社会共同协调来完成，需要多部门、多机构共同来服务。[②] 其中政府需要起到重要的协调作用，科研机构、农业企业、专业协会等相互协调，互相补充和完善，来共同

---

① 吴锋：《国外农村信息传播的基本模式与启示》，《今传媒》2008 年第 4 期。

② 代会娟：《现代农业信息服务社会化体系研究》，硕士学位论文，河南科技大学，2011 年。

完成农业信息传播任务。

法国国家农业部定期向社会发布农业政策信息、各类权威统计数据信息、农业市场信息等，强调农业科技信息和农业市场信息对于现代农业的重要性。政府是农业信息传播最核心的主体。国家、大区、省三级农业部门责任明确，采集并发布信息，各科研院校、专业技术协会和合作社同时也提供信息服务于农民，收集本组织内对农民有用的科技、市场、政策等各类信息。[①] 形成了国家农业主管部门为主体，多部门协同传播农业信息的良好局面。

德国、日本等发达国家同样重视政府在农业信息传播中的地位和作用。德国依靠政府的政策和财政大力支持，在农业技术推广等方面取得了显著成效，农业和农村在工业化和城市化进程中同步发展。日本政府依靠全国"农协"组织，广泛吸引社会力量支持农业信息传播，具有公益性和商业性的双重特点。全国性的"农协"和"农产品中央批发市场联合会"是日本农业信息传播体系两个重要支点。

总之，世界发达国家经验表明，在农业信息传播体系中，都形成了以政府为主体，全社会共同参与的联合传播主体。但各级政府和社会其他组织、机构扮演着不同的角色，这些其他组织或机构，也是互为补充、相互协调工作。政府在农业信息传播当中具有明确的责任和义务，同时也明确了社会组织或机构的全力参与角色。

二　先进的信息传播技术支撑

20 世纪 50 年代以来，不断出现的信息传播技术为农业发展提供了新的发展机遇，特别是在农业科技信息与市场经济信息传播过程当中，能够有效、实时传播这类信息。无论是发达国家的政府层面，还是农业院校、农业协会、专业合作社等社会层面都在不断探索先进的信息传播技术来支撑农业信息的传播实践，但同时也较为重视传统媒体的应用，能够很好地将传统传播技术与新传播技术的优势结合起

---

① 王艳霞：《网络环境下中国农业信息服务系统研究》，博士学位论文，河北农业大学，2007 年。

来，发挥其不同的传播特点，形成优势互补的媒介传播环境，共同为农业信息传播服务。

在欧美发达国家，先进的信息传播技术已渗透到农业的各个方面，农业信息传播技术已经进入产业化发展的高级阶段。广播技术、电视技术、计算机技术、互联网技术和移动互联网技术等先进的信息传播技术大都诞生于美国等发达国家，这些传播技术是农业信息传播体系的基础性设施。美国的农业信息化发展水平不亚于农业工业化水平，政府十分重视农业信息化领域的投入，在信息传播技术方面处于世界领先地位的发达国家有美国、德国、日本、新加坡等，这些国家都积极将现代传播技术应用于农业信息化领域。美国以政府为主体构建了完整、规范的农业信息传播体系，并建立起了一套详细的农业信息发布制度。[1] 美国一直十分重视将先进的信息通信技术应用于农业，带动农业信息化的快速发展。

日本政府一直重视将最先进的信息传播技术应用于农业信息化领域。特别是互联网技术进入日本以后，于1994年建成了农业信息传播网，接点遍布全国城乡，为广大农民营造了满足其信息需求的传播环境与平台。日本已经通过互联网技术将国立农业科研机构、地方农业研究机构及地方农业改良普及中心的数据资源整合起来，在新品种改进、农业科技创新扩散、农业市场信息等方面共同为日本农民服务，农民可以通过网络查询到所需要的各类信息。德国是一个农业机械化与农业信息化高度融合的发达国家。德国的现代农业一般规模较大，信息传播技术的引入，使得农业生产信息的采集变得便捷与快速，采集的信息包括地理环境信息、土壤信息、气象信息、水环境信息、作物生长信息等。通过实时的信息采集能够为提高农作物的产量和质量做出有效的管理和决策。[2]

发达国家农业信息传播体系的建设不仅依靠先进的信息传播技术，还依靠传统的媒介技术，如电视、广播等，很好地将传统媒体技

---

① 安森东、常璟：《区域性农业信息化建设模式研究》，中国社会科学出版社2012年版，第52页。

② 周宏仁：《信息化概念》，北京电子工业出版社2009年版，第150页。

术与现代信息技术结合起来。传统媒介和新媒介在农业信息传播体系中扮演不同角色，发挥着不同的特点，形成优势互补的媒介格局，优化媒介资源共同为农业信息传播服务。以互联网和移动互联网为代表的新媒体为进一步推进农业信息化和农业现代化提供了新的技术平台和发展机遇，传统媒体正与新媒体加速融合。在农业信息传播中，传统媒体与新媒体相互融合，将是发展农业信息化的有利途径①。电视媒介受到世界各国民众普遍欢迎，是传播农业信息的最佳平台之一，日本政府还通过有线电视、村内广播、调频广播进行农业信息传播活动。因此，农业信息传播体系中，要发挥新旧媒体的优势，相互补充来传播农业信息。

三　丰富权威的农业信息资源

丰富权威的农业信息资源是现代农业的重要保障，特别是农业科技信息与市场信息。随着农业全球化和国际化进程的加快，农业信息资源对于现代农业和农村经济的健康、可持续发展具有至关重要的作用。在农业科研活动、农业市场领域、农业生产过程等各类农业生产生活中都将形成丰富的数据信息资源，发达国家的农业信息资源质量较高，信息利用率高，对发展经济和增加农民收入具有重要意义。

美国是农业信息资源开发最发达的国家之一，美国农业从农业信息资源开发中获得了诸多益处。美国农业信息资源开发与利用的程度高于其工业化水平，发达国家农业信息技术在农业上的应用主要包括：农业信息的获取与及时处理、农业系统模拟、农业生产管理、农业专家系统、农业专家支持系统、农业计算机网络等②。美国一直重视农业数据库建设，自 20 世纪 60 年代以来就开始利用广播、电话通信基础设施对农业数据资源进行采集保存，先后建立了多个农业信息

①　崔青野、孙云宽：《传统媒体与新媒体融合在农业信息传播上的应用分析》，《南方农业》2015 年第 24 期。

②　王丞、安森东、颜廷武：《农业信息资源可持续开发利用的国际比较及启示》，《中国人口资源与环境》2011 年第 8 期。

资源数据库，积累了大量的农业信息资源①。现代信息技术的使用加快了农业信息资源的开发、采集、传播等过程，影响了农业生产管理和生产控制，促进了农业生产的高质量、高效率和高收益。一方面美国建设了权威的农业信息资源数据库，另一方面采用了最先进的现代信息技术来采集、管理和分享信息资源，用户可方便、快捷地使用农业信息资源。

英国也组建了大型农业数据库，将本国和世界各国相关的农业信息整合成农业信息数据库为本国用户服务。通过互联网将农业信息资源库与分散在不同区域的用户连接起来，让农业信息发挥应有的价值，提高农业生产效率。2013 年 7 月，英国政府发布的《英国农业技术战略》指出，英国今后对农业技术的投资将集中在大数据上，并致力于将英国打造成农业信息化世界级强国②。农业信息资源数据量庞大、涉及领域与涵盖范围广泛、数据类型多样，是最典型的大数据，必须要用科学的手段生产、采集、管理和传播，才能使农业信息资源更好地服务于现代农业生产。

澳大利亚的 CISC 农业信息网络提供国内外市场动态信息、农业科技信息、自然与气象信息、农业政策法规信息、相关行为信息等。③政府开通的相关网站上可以查询到每块土地的基本信息和种植信息，甚至当地的气象信息等，丰富而权威的农业信息资源广泛服务于各类农业信息化应用。另外，澳大利亚政府还通过电子商务和市场化引导减少中间环节，直接将供方与农产品用户对接起来，既方便了农民，又方便了农产品消费者，以最快的速度将农产品销售出去。

农业信息对于现代农业的重要性不言而喻，特别是在大规模农业生产中，农业科技信息和农业市场信息的价值和意义才能够很好地体

---

① 曾小红、王强：《国内外农业信息技术与网络发展概况》，《中国农学通报》2011年第 8 期。

② 李秀峰、陈守合、郭雷风：《大数据时代农业信息服务的技术创新》，《中国农业科技导报》2014 年第 4 期。

③ 卢丽娜：《国外农业信息化发展现状及特点》，《中国农场小康科技》2007 年第 4 期。

现出来。农业科技信息的有效利用可以提高农产品质量、增加产量，提高农业生产效率，而农业市场信息可以有效降低农业风险，让农民从容应对农业市场。另外，发达国家极其重视农业信息的质量和安全，随着农民对农业信息资源需求越来越多，对质量的要求也会越来越高。因此，为了提高信息质量，部分发达国家都有专职的信息员来收集农业信息，对他们具有严格的任职条件，并有相关的法律法规进行约束。

四　信息素养较高的农民群体

农民是建设现代农业与农业信息传播的主体，也是农业现代化与农业信息化建设的核心力量。农民素养的高低会直接影响现代农业的发展质量，间接影响农村经济社会发展水平。农业信息传播体系的最终目标就是围绕农民的信息需求服务受众，让农民得到自由而全面的发展，提高农民的主体性与现代性。发达国家重视农业信息传播工作，同时也十分重视农民的教育培训。农民素质的高低影响着对农业信息的认知以及农民采用创新技术的最终效果。发达国家的农业信息传播体系中，农民群体的媒介素养较高，能够熟练、有效地利用来自不同媒介与渠道的信息，特别是能够主动在复杂的信息环境平台中找到所需要的对自身有价值的各类信息。

欧盟、美国等发达国家或地区农业信息传播体系重要的特征之一就是，农民群体具有很高的信息素养。以政府为主体的农业信息传播体系通过先进的媒介技术提供丰富而权威的农业信息，农民能够按照其信息需求快速高效获取所需信息。在农业新技术、新品种引入农业生产领域时，发达国家都要对农民进行教育与培训，这些国家在农民教育培训方面具有丰富的经验。部分发达国家早在19世纪就开始培训农民，并对农民实行农业职业资格证书准入制度[①]，建立了以农业科研院所为基础和社会机构广泛参与的农民教育与培训机制。韩国农民培训以农业技术推广指导机构和民间团体为主，近几年建立了农业

① 曾伟立：《国外农民培训经验研究与借鉴》，《经济与社会发展》2010年第12期。

专门学校开展系统的正规培训①。

纵观世界发达国家农业信息传播体系，农民始终是农业信息传播体系的主体，也是农业信息传播体系的主要服务对象，其信息素养高低直接影响着农业信息服务的深度和广度。特别是对于农业科技信息，需要农民具备一定的素养才能够获取并采纳使用。在开发农业信息资源的同时，还要加强对农民信息意识、信息素养和信息能力的教育、培训与引导，以应对农业信息化与农业现代化的浪潮。总之，发达国家不仅农民信息素养高，还十分重视农民的继续教育与技能培训，从而保证农民适应新的农业生产形态。

五　完善的法律法规保障机制

完善的农业信息传播体系，除了具备政府为核心的多元主体参与、先进的媒介技术支撑、丰富而权威的农业信息资源以及信息素养较高的农民群体等特征之外，还应具备完善的法律法规保障机制等要素特征，可以确保农业信息传播体系的良好运行。农业信息传播体系涉及政府、社会组织、企事业单位、社会团体、个体等众多传播主体，还涉及复杂的媒介渠道等传播客体，关键是涉及千差万别、参差不齐的农民受众群体。因此，良好的政策、法规、体制、机制是农业信息传播体系有效运行的重要保障。

美国在农业信息传播体系的各个环节与过程中都有着规范的法律法规等规范性措施。主要包括：严格的信息资料保密制度，积极促进信息资料共享，绝不允许发布虚假信息。② 美国制定了严格的法律法规来规范农业信息传播行为，包括信息的保密、采集、发布、传播、使用等整个农业信息传播环节。美国政府将农业信息化纳入法制化轨道，政府对农业信息传播体系的运行进行了立法管理，不断完善，形

---

① 马超、张义兵：《国外农民培训的三种模式及其对我国农民培训的启示》，《职业教育研究》2008 年第 12 期。

② 王艳霞：《网络环境下中国农业信息服务系统研究》，博士学位论文，河北农业大学，2007 年。

成体系①。美国是法制体系最为完备的国家之一，自然在保障农业信息传播体系运行方面积累了丰富经验。

加拿大是世界农业大国，也是农业强国。加拿大为了应对农业国际化竞争，在20世纪90年代和21世纪初对其农业政策实行了以市场化为导向的改革和调整②，积极改革农业法律、政策等，构建以市场导向为支撑的政策手段体系，来确保农业信息传播体系的良好运行。农业信息传播体系的外部保障系统就如同是农业信息传播体系的控制系统，包括宏观的社会制度、政策体系等，也包括微观层面具体的体制和运行机制等。

国外农业信息化程度较高的发达国家经验表明，他们较为注重农业信息立法、监督、建立信息标准体系、规范信息行为。法律作为较为有效的信息资源分配方式，具有天然的规范性、约束性、权威性和公平性，可保障建立和谐有序的农业信息传播体系。为了确保信息传播技术带动日本农业现代化，日本政府制定了21世纪农村信息化战略计划，计划要求开发先进的农业信息数据库，内容包括农业科技信息、农产品价格信息、农作物资源库等，并积极完善农业信息立法工作。

良好的法制环境是农业信息传播体系正常运行的科学保障。美国、加拿大、日本等国，出台了《个人信息保护和电子文书法》《电子商务环境下的消费者保护规则》《电子身份认证规则》《电子商务标准体系框架》《滥用计算机法》《信息安全指南》《电子认证安全指南》《电子交易法》等法律法规，使农业信息能够发挥其应有的价值，确保农业信息的权威性和对农民的有用性。

观察发达国家农业信息传播体系，无一例外都极其重视外部保障系统建设，确保农业信息传播以及内部传播系统科学有序运行，服务于农业生产生活领域。政策法律环境是农业信息传播重要的生态环境，决定着农业信息传播的有序性和有用性。发达国家在农业信息采

---

① 肖建英：《美国农业信息共享及对中国的启示》，《世界农业》2009年第11期。

② 朱满德、袁祥州、江东坡：《加拿大农业支持政策改革的效果及其启示》，《湖南农业大学学报》（社会科学版）2014年第10期。

集、处理和发布等环节都有严格的法律、制度规范，特别是信息采集制度，它能从源头上保证农业信息的可靠性，权威部门能够及时准确地发布信息，保证数据的权威性，杜绝和减少虚假信息，进而确保了农业信息的科学性、准确性和保密性，且保证了农业信息传播体系的正常良好运行。农业信息传播体系涉及主体多、内容多、人员多等问题，需要通过规范的法律、政策、体制、机制约束，相互协调，共同规范和约束农业信息传播体系的运行。

理想的农业信息传播体系，需要具有明确的目标、政府为核心的多元参与主体、先进的信息传播技术为支撑、丰富完善的农业信息资源和信息素养较高的农民群体等。除此之外，还必须具有良好的外部保障系统，这是确保农业信息传播体系良好运行的控制系统，包括政策、法规、体制、机制等。发达国家经验表明，在内部传播系统建设的同时也要注重外部保障系统建设。无论是对国内农业信息传播体系建设进程的梳理及特征趋势的认识，还是国外农业信息传播体系建设的经验借鉴都为重构农业信息传播体系打下了良好基础。

第四节　本章小结

"三农"问题是我们国家一直致力于解决的重大问题，是全面建成小康社会中的短板。当前，我国农业正处于从传统农业向现代农业转型的关键时期，信息的高效传播与科学传播对破解"三农"问题起着至关重要的作用。我国农业信息传播工作正朝着多元化、多媒体化、智能化与联合化等方向发展。多年来，虽然我国各级政府部门都十分重视农业信息传播体系建设，但并没有收到预期的效果，与发达国家还有相当大的距离。因此，希望通过了解国内外农业信息传播体系建设经验，可以获得一些有益的启示。

本章论述了当前我国农业发展问题的严峻性，概括了传播媒介技术的发展变化、传播媒介技术在我国农业信息传播实践中的应用情况以及在农业领域应用的前景。从历史视角对我国农业信息传播体系的建设进程进行了回顾，对我国农业信息传播体系建设进程中的特征趋势进行了梳理。结合我国农村地区媒介技术使用现状与发展变化，将我国农业信息传播体系建设进程划分为四个主要阶段，分别为萌芽阶段、初期发展阶段、快速发展阶段和融合发展阶段，深入了解了不同时期农业信息传播活动的发展情况和规律。从我国农业信息传播体系建设进程整体来看，新的传播技术对农业信息传播实践的渗透越来越深入，信息传播的政策、制度、理念和认识随着传播技术的变革和经济社会的发展而发展，农民的主体地位进一步增强，农业信息传播的能力也逐渐增强。这些研究为后续的农业信息传播体系重构提供了重要的借鉴。

如何让农业信息传播体系更好地服务于"三农"，提升农业信息传播的效率，将农业科技信息、市场信息等更为便捷地传播给农民，进而实现农民农业增收，成为目前各国学者关注的重要课题。本章通过对美、加、英、德、法、日、韩等国的农业信息传播实践进行考察，总结出国外农业信息传播体系建设的主要经验，获得一些重要启示。纵观发达国家与发展中国家的农业信息传播实践，有以下几个值得借鉴的经验：政府引导的联合主体参与、依靠先进的信息传播技术引领和支撑农业信息传播实践、具有丰富权威的农业信息资源、农民群体的信息素养较高、注重提供完善的法律法规保障机制。从整体来看，无一例外地都极其重视外部保障系统建设，以保障内部传播系统科学有序运行，更好地服务于农业生产生活。

对国内外农业信息传播体系的建设进行深入考察研究，系统了解了我国农业信息传播中的优势及存在的问题，汲取发达国家的经验教训，进而为我国农业信息传播体系的建设提供有益启示。

第四章

农业信息传播体系实证研究：
基于西北四省（自治区）的调查

第一节　调查设计①

  本书考察范围确定为西北地区的陕西、甘肃、宁夏、青海四省（自治区）。通过问卷调查与文献梳理，了解西北四省（自治区）农业信息传播的总体状况：一是西北四省（自治区）农村地区农业信息传播体系内部诸要素的现状，包括农民的基本人口特征、农民对农业信息的认知、农民媒介使用现状以及其他现状等；二是农业信息传播对农民的影响情况，包括对农民现代观念、公共事务参与行为两方面的影响。最后，在现状考察的基础上梳理出农业信息传播的特征。

  本书采取 PPS 即分层随机抽样的方法。根据陕西省、甘肃省、宁夏回族自治区、青海省人口数量（2013 年分别达到 3764 万人、2556 万人、654 万人、573 万人），依据 Scheaffer 的抽样公式 $n = \dfrac{N}{(N-1) \times g^2} + 1$（n—抽样样本大小；N—抽样母体；g—抽样误差）计算在 25% 的误差允许范围内确定最后的调查样本量为 1650 个人，四省（自治区）最终配额：陕西省为 800 人，甘肃省为 420 人，宁夏回族自治区为 220 人，青海省为 210 人，样本区域的选择充分考虑了不同西北农村地区的分布状况、地理特征以及收入水平等主要指标。

---

① 本章节部分内容分别发表在《新闻与传播研究》和《西北农林科技大学学报》（社会科学版）。

详见表 4-1。

表 4-1　　　　　　　　　　　调查样本配额分布

调研省（自治区）	样本分布（人）	调研市、县（区）	样本配额（人）
陕西省	800	渭南市大荔县	200
		宝鸡市凤翔县	200
		汉中市西乡县	200
		延安市宜川县	200
甘肃省	420	张掖市甘州区	210
		武威市民勤县	210
宁夏回族自治区	220	固原市原州区	220
青海省	210	海东市民和回族土族自治县	210

　　本次问卷调查的抽样过程是，首先，根据这 4 个省（自治区）中样本分布情况，最终确定为 8 个县（区），通过分层和简单随机抽样方法选取上述 8 个县（区）作为第一阶；其次，在这 8 个县（区）当中选取 6—9 个不等的乡镇作为第二阶；最后，到该乡镇随机发放问卷，最终涵盖 63 个乡镇的行政村。

　　调查问卷经过设计开发、征求专家意见、预调研、修改等多个环节后最终确定。在调查前期阶段，赴陕西省富平县和蓝田县，通过对个别农民的观察和预调研，不断完善和修正调查问卷。本次调研以西北四省（自治区）农民为调查对象。调查从 2014 年 10 月开始，到 2014 年 12 月底结束，历时近三个月。调研过程中，年龄偏大的受访者采用一问一答形式进行（提前对调查员培训后才到实地进行调查，调研员多为当地大学生、乡镇工作人员等），年轻受访者采用自填与指导填写相结合，对未填或不认真填写者请求重新认真填写，填写完毕并检查后当即回收，回收问卷时赠予精心准备的小礼物。合计发放问卷 1650 份，剔除掉不合格的问卷后，最终得到有效问卷 1561 份，具体西北四省（自治区）抽样城市及有效样本数量分布见表 4-2，问卷总体有效率为 94.61%。问卷调研完成后，借助于 EpiData 软件录入数据，并使用 SPSS2 2.0 软件进行统计分析。

表 4-2　　　　　　　　　　各县（区）实际回收有效样本分布

调研省（自治区）	调研市、县（区）	有效样本数（人）
陕西省	渭南市大荔县	198
	宝鸡市凤翔县	201
	汉中市西乡县	149
	延安市宜川县	181
甘肃省	张掖市甘州区	206
	武威市民勤县	206
宁夏回族自治区	固原市原州区	216
青海省	海东市民和回族土族自治县	204

　　本次问卷调查的地点为西北地区的四个省（自治区），基本信息如下：

　　陕西省，简称陕或秦，又称三秦，位于中国西北部，地域南北长，东西窄，东西宽160—490千米，省会为古都西安，陕西省面积约21万平方千米，下辖西安1个副省级城市、宝鸡等9个地级市及1个农业示范区，人口约3764万人。甘肃省，简称陇，又名陇原，地处黄河上游，东接陕西，南接巴蜀、青海，西倚新疆，北接内蒙古、宁夏。下辖12个地级市和2个自治州，省会为兰州。古属雍州，是丝绸之路的锁钥之地和黄金路段，东西蜿蜒1600多千米，纵横45.37万平方千米，占全国总面积的4.72%，人口约2556万人。宁夏回族自治区，位于中国西北地区东部，黄河上游、河套西部，东邻陕西省，西部、北部接内蒙古自治区，南部与甘肃省相连。南北相距约456千米，东西相距约250千米，总面积为6.6万多平方千米。宁夏回族自治区下辖5个地级市、2个县级市、11个县、9个市辖区，位于"丝绸之路"上，人口约654万人。青海省为我国青藏高原上的重要省份之一，简称青。青海省东西长约1200千米，南北宽800千米，面积为72万平方千米。境内山脉高耸，地形多样，河流纵横，湖泊棋布，与甘肃、四川、西藏、新疆接壤，省内行政区划为2个地级市，6个自治州，3个县级市，47个县，省会为西宁市，有藏、回、蒙古等43个少数民族，人口约573万人。

第二节　西北四省（自治区）农业信息传播现状

一　被访对象社会人口特征

在本次甘肃、宁夏、青海、陕西西北四省（自治区）调研的1561个样本当中，从被访对象社会人口基本特征进行描述统计，具体从性别、年龄、民族、文化程度、婚姻状况、家庭总收入、打工情况、务农年限、居住地到县城乘车时间、生活水平、从事行业等方面分省统计汇总。详见表4-3。

表4-3　　　　各省（自治区）有效样本基本情况统计

样本类别			甘肃	宁夏	青海	陕西	总样本
性别	男	人数（人）	260	125	142	460	987
		百分比	16.72%	8.04%	9.13%	29.58%	63.47%
	女	人数（人）	149	90	62	267	568
		百分比	9.58%	5.79%	3.99%	17.17%	36.53%
	合计	人数（人）	409	215	204	727	1555
		百分比	26.30%	13.83%	13.12%	46.75%	100.00%
年龄	20 岁以下	人数（人）	4	8	3	20	35
		百分比	0.26%	0.52%	0.20%	1.30%	2.28%
	21—30 岁	人数（人）	47	68	35	113	263
		百分比	3.06%	4.42%	2.28%	7.35%	17.10%
	31—40 岁	人数（人）	128	65	70	201	464
		百分比	8.32%	4.23%	4.55%	13.07%	30.17%
	41—50 岁	人数（人）	188	58	60	247	553
		百分比	12.22%	3.77%	3.90%	16.06%	35.96%
	51—60 岁	人数（人）	28	11	23	113	175
		百分比	1.82%	0.72%	1.50%	7.35%	11.38%
	61 岁以上	人数（人）	9	4	9	26	48
		百分比	0.59%	0.26%	0.59%	1.69%	3.12%
	合计	人数（人）	404	214	200	720	1538
		百分比	26.27%	13.91%	13.00%	46.81%	100.00%

续表

样本类别			甘肃	宁夏	青海	陕西	总样本
民族	汉族	人数（人）	409	112	93	725	1339
		百分比	26.20%	7.17%	5.96%	46.44%	85.78%
	回族	人数（人）	2	104	31	4	141
		百分比	0.13%	6.66%	1.99%	0.26%	9.03%
	其他民族	人数（人）	1	0	80	0	81
		百分比	0.06%	0.00%	5.12%	0.00%	5.19%
	合计	人数（人）	412	216	204	719	1561
		百分比	26.39%	13.84%	13.07%	46.70%	100.00%
文化程度	不识字	人数（人）	7	23	5	3	38
		百分比	0.45%	1.48%	0.32%	0.19%	2.44%
	小学	人数（人）	42	54	38	72	206
		百分比	2.70%	3.47%	2.44%	4.63%	13.25%
	初中	人数（人）	215	103	93	408	819
		百分比	13.83%	6.62%	5.98%	26.24%	52.67%
	高中及中专	人数（人）	107	23	40	191	361
		百分比	6.88%	1.48%	2.57%	12.28%	23.22%
	大专	人数（人）	30	9	13	37	89
		百分比	1.93%	0.58%	0.84%	2.38%	5.72%
	本科及以上	人数（人）	8	3	15	16	42
		百分比	0.51%	0.19%	0.96%	1.03%	2.70%
	合计	人数（人）	409	215	204	727	1555
		百分比	26.30%	13.83%	13.12%	46.75%	100.00%
婚姻状况	已婚	人数（人）	385	191	186	669	1431
		百分比	24.73%	12.27%	11.95%	42.97%	91.91%
	未婚	人数（人）	25	24	18	59	126
		百分比	1.61%	1.54%	1.16%	3.79%	8.09%
	合计	人数（人）	410	215	204	728	1557
		百分比	26.33%	13.81%	13.10%	46.76%	100.00%
家庭总收入	10000元以下	人数（人）	38	67	83	157	345
		百分比	2.56%	4.51%	5.59%	10.57%	23.23%
	10001—30000元	人数（人）	187	107	77	228	599
		百分比	12.59%	7.21%	5.19%	15.35%	40.34%

样本类别			甘肃	宁夏	青海	陕西	总样本
家庭总收入	30001—50000元	人数（人）	123	35	22	143	323
		百分比	8.28%	2.36%	1.48%	9.63%	21.75%
	50001元以上	人数（人）	56	6	4	152	218
		百分比	3.77%	0.40%	0.27%	10.24%	14.68%
	合计	人数（人）	404	215	186	680	1485
		百分比	27.21%	14.48%	12.53%	45.79%	100.00%
打工情况	打过工	人数（人）	225	165	163	443	996
		百分比	14.54%	10.67%	10.54%	28.64%	64.38%
	未打过工	人数（人）	182	49	39	281	551
		百分比	11.76%	3.17%	2.52%	18.16%	35.62%
	合计	人数（人）	407	214	202	724	1547
		百分比	26.31%	13.83%	13.06%	46.80%	100.00%
务农年限	5年内	人数（人）	68	57	43	162	330
		百分比	4.51%	3.78%	2.85%	10.74%	21.88%
	6—10年	人数（人）	42	35	34	99	210
		百分比	2.79%	2.32%	2.25%	6.56%	13.93%
	11—15年	人数（人）	63	54	45	105	267
		百分比	4.18%	3.58%	2.98%	6.96%	17.71%
	16—20年	人数（人）	89	22	36	103	250
		百分比	5.90%	1.46%	2.39%	6.83%	16.58%
	21年以上	人数（人）	144	42	43	222	451
		百分比	9.55%	2.79%	2.85%	14.72%	29.91%
	合计	人数（人）	406	210	201	691	1508
		百分比	26.92%	13.93%	13.33%	45.82%	100.00%
居住地到县城乘车时间	20分钟内	人数（人）	110	23	44	262	439
		百分比	7.05%	1.47%	2.82%	16.79%	28.14%
	20—40分钟	人数（人）	96	124	40	290	550
		百分比	6.15%	7.95%	2.56%	18.59%	35.26%
	40—60分钟	人数（人）	148	52	53	120	373
		百分比	9.49%	3.33%	3.40%	7.69%	23.91%
	1—2小时	人数（人）	51	14	44	49	158
		百分比	3.27%	0.90%	2.82%	3.14%	10.13%

续表

样本类别			甘肃	宁夏	青海	陕西	总样本
居住地到县城乘车时间	2小时以上	人数（人）	7	2	23	8	40
		百分比	0.45%	0.13%	1.47%	0.51%	2.56%
	合计	人数（人）	412	215	204	729	1560
		百分比	26.41%	13.78%	13.08%	46.73%	100.00%
生活水平	高于平均水平	人数（人）	48	25	19	69	161
		百分比	3.08%	1.60%	1.22%	4.43%	10.33%
	处于平均水平	人数（人）	286	144	124	483	1037
		百分比	18.35%	9.24%	7.95%	30.98%	66.52%
	低于平均水平	人数（人）	77	46	61	177	361
		百分比	4.94%	2.95%	3.91%	11.35%	23.16%
	合计	人数（人）	411	215	204	729	1559
		百分比	26.36%	13.79%	13.09%	46.76%	100.00%
从事行业	种地、养殖	人数（人）	309	126	122	411	968
		百分比	19.91%	8.12%	7.86%	26.48%	62.37%
	批发零售业	人数（人）	28	27	14	52	121
		百分比	1.80%	1.74%	0.90%	3.35%	7.80%
	加工制造业	人数（人）	6	3	2	31	42
		百分比	0.39%	0.19%	0.13%	2.00%	2.71%
	交通运输业	人数（人）	10	3	5	23	41
		百分比	0.64%	0.19%	0.32%	1.48%	2.64%
	餐饮服务业	人数（人）	10	19	6	44	79
		百分比	0.64%	1.22%	0.39%	2.84%	5.09%
	建筑业	人数（人）	12	16	18	53	99
		百分比	0.77%	1.03%	1.16%	3.41%	6.38%
	其他行业	人数（人）	35	22	37	108	202
		百分比	2.26%	1.42%	2.38%	6.96%	13.02%
	合计	人数（人）	410	216	204	722	1552
		百分比	26.42%	13.92%	13.14%	46.52%	100.00%

在本次调研的有效样本当中，男性987人，占63.47%，女性568人，占36.53%。样本当中，男性比例较大，女性比例较小，这是因

为我国男女比例（51.50%∶48.50%）有一定差异。造成这一差异的原因主要体现在两方面：一是西北四省（自治区）农村地区女性相比男性学历偏低，女性认为回答问卷需要一定的知识水平，不愿意接受调查，所以女性样本较少；二是本调查主要在农村乡镇、村上人流量较大的区域进行，这些区域男性偏多，女性偏少，一定程度上与"男主外、女主内"的传统思想有关。

在所有有效样本当中，20 岁以下的比例是 2.28%，21—30 岁的比例是 17.10%，31—40 岁的比例是 30.17%，41—50 岁的比例是 35.96%，51—60 岁的比例是 11.38%，61 岁以上的比例是 3.12%。西北四省（自治区）农村地区主要劳动力的年龄段在 41—50 岁，超过被访对象的三分之一，而农村中的年轻劳动力（30 岁以下）相对偏少，占到 19.38%。这与西北四省（自治区）农村地区外出务工人员比重偏大有一定的关系。进一步观察各省数据发现，各省（自治区）的年龄结构分布情况与样本总体的分布情况基本保持一致，均表明农村的青年劳动力偏少，而中老年劳动力比例相对较高。但也呈现一些差异，宁夏与青海的样本年龄分布更趋合理，这是由于在宁夏和青海调研的区域属于少数民族聚居区域，外出务工的青年较少，40 岁以下的劳动力较多，而陕西和甘肃的主要劳动力年龄偏大，特别是甘肃省 41—50 岁的比例占到总人数的近一半。

在本次调研的有效样本中，汉族人数为 1339 人，占比 85.78%，回族人数为 141 人，占比 9.03%，其他民族人数 81 人，占比 5.19%。其他少数民族主要分布在青海。

在被访对象中，不识字的占到 2.44%，小学文化程度的占到 13.25%，初中文化的占比最高，达到 52.67%，高中及中专占到 23.22%，大专占 5.72%，而具有本科及以上学历的比例为 2.70%，这说明被访对象普遍文化程度不高，且西北四省（自治区）农村主体劳动力的学历水平主要为初中学历，高学历（大专以上）劳动力较少。

在本次所调研的有效样本婚姻状况一项当中，已婚人数达到 1431 人，占比 91.91%，未婚人数达到 126 人，占比 8.09%。

在被访对象所在家庭当中，2013 年家庭总收入的平均值为 34920.36 元，最高值为 990000 元，最低值为 100 元。通过分析被访对象 2013 年家庭总收入的分布情况，我们发现西北四省（自治区）农民的家庭总收入主要集中在 10001—30000 元，占比达到 40.34%，10000 元以内的占到 23.23%，30001—50000 元的家庭达到 21.75%，50001 元以上的家庭达到了 14.68%。

在本次所调研的有效样本当中，外出打过工的人数达到 996 人，占比 64.38%，未外出打工的人数达到 551 人，占比 35.62%。

被访对象务农年限超过 20 年以上的，占比达到 29.91%；16—20 年的占比达到了 16.58%；11—15 年的占比达到 17.71%；6—10 年的占比达到 13.93%；而务农年限在 5 年内的比例达到了 21.88%，这与年龄分布相一致，说明西北农村劳动力主体年龄偏大。

居住地离县城的距离对信息接触及信息传播有重要影响，本项主要考察被访对象居住地到最近的城区或县城的乘车时间，到达中心城市或县城乘车需要时间 20 分钟以内的占比达到 28.14%，20—40 分钟的占比达到 35.26%，40—60 分钟的占比达到 23.91%，1—2 小时的占比达到 10.13%，2 小时以上的达到 2.56%。

在所有被访对象当中，总体上来讲，认为生活水平高于平均水平的占 10.33%，处于平均水平的占 66.52%，低于平均水平的占 23.16%。

在被访的有效样本当中，最主要的职业依然是种地、养殖等传统涉农行业，占到了 62.37%，但这一职业中占比最高的是陕西省，最低的是青海省。另外，批发零售业占到 7.80%，加工制造业占到 2.71%，交通运输业占到 2.64%，餐饮服务业占到 5.09%，建筑业占到 6.38%，其他行业占到 13.02%。

二　西北四省（自治区）农村地区信息传播现状描述

农民是农业信息传播体系的主体要素，也是农业信息传播体系的主要服务对象。本书通过对被访对象的问卷调查，主要了解农民的信息认知现状、农民媒介使用现状、农民其他现状等。

（一）农民信息认知现状

1. 农民对农业信息重要性认知

农业信息是农业信息传播体系的重要资源，也是农业生产生活的重要生产要素。在本书中将涉及农村生产生活的主要信息分为七类，分别是：农业政策信息、农业科技信息、市场销售信息、天气气象信息、新闻时政信息、文化娱乐信息、生态环境信息。在各种农业信息当中，被访对象对农业政策信息、农业科技信息、市场销售信息、天气气象信息的重要性认识相对较高，对新闻时政信息、文化娱乐信息以及生态环境信息重要性认识相对较低。

对于农业政策信息重要性的认识：53.02%的被访对象认为非常重要，22.59%的被访对象认为比较重要，19.69%的被访对象认为重要，3.86%的被访对象认为不太重要，0.84%的被访对象认为不重要，认为农业政策信息整体上重要的达95.30%。对于农业科技信息重要性的认识：47.85%的被访对象认为非常重要，23.34%的被访对象认为比较重要，22.19%的被访对象认为重要，认为农业科技信息整体上重要的达到了93.38%。其他各类信息对于农民生产生活的重要程度见表4-4。

表4-4　　　　　　农业信息对于农民生产生活的重要程度

	非常重要	比较重要	重要	不太重要	不重要
农业政策信息	53.02%	22.59%	19.69%	3.86%	0.84%
农业科技信息	47.85%	23.34%	22.19%	5.59%	1.03%
市场销售信息	46.04%	23.63%	21.12%	7.53%	1.67%
天气气象信息	45.46%	23.99%	25.98%	5.41%	1.16%
新闻时政信息	31.72%	24.95%	28.88%	11.22%	3.22%
文化娱乐信息	20.10%	20.10%	25.32%	24.55%	9.92%
生态环境信息	34.62%	23.10%	29.73%	9.33%	3.22%

2. 关注农业政策信息和农业科技信息的情况

在农业生产生活中，被访对象关注农业政策信息的情况是：经常关注和偶尔关注的比例高达 92.63%，从不关注占比 7.37%。从具体省份来看，甘肃省被访对象关注的比例达到了 93.69%，宁夏回族自治区被访对象关注的比例达到了 88.88%，青海省被访对象关注的比例达到了 90.20%，陕西省被访对象关注的比例达到了 93.82%。陕西省被访对象经常关注的比例最高，而宁夏回族自治区被访对象经常关注的比例最低，说明陕西省的农民关注农业政策信息的情况高于其他省份，详见表 4-5。

表 4-5　　　　　　　　　　关注农业政策信息的情况

	经常关注	偶尔关注	从不关注
甘肃	63.59%	30.10%	6.31%
宁夏	31.94%	56.94%	11.11%
青海	43.14%	47.06%	9.80%
陕西	51.10%	42.72%	6.18%
总样本	50.71%	41.92%	7.37%

在农业生产生活中，被访对象关注农业科技信息的情况是：经常关注和偶尔关注的比例高达 88.90%，从不关注占比 11.10%。从各省来看，甘肃省的被访对象关注的比例达到了 90.05%，宁夏回族自治区的被访对象关注的比例达到了 80.09%，青海省的被访对象关注的比例达到了 85.29%，陕西省的被访对象关注的比例达到了 91.88%，甘肃省的被访对象经常关注的比例最高，而宁夏回族自治区的被访对象经常关注的比例依然最低，详见表 4-6。

表 4-6　　　　　　　　　　关注农业科技信息的情况

	经常关注	偶尔关注	从不关注
甘肃	49.03%	41.02%	9.95%
宁夏	27.78%	52.31%	19.91%
青海	30.88%	54.41%	14.71%
陕西	40.50%	51.38%	8.13%
总样本	39.73%	49.17%	11.10%

3. 农民对媒介内容的信任程度

在常见的报刊、广播电视、互联网和手机四种媒介中，了解农民对媒介内容的信任度，媒介内容的信任度会影响到受众对于媒介的使用频率等。在本调查的有效样本中（排除回答"无"选项后的统计结果），报刊的内容信任度分别是非常信任 21.67%、比较信任31.85%、信任 30.76%、不太信任 12.80%、不信任 2.91%；广播电视的内容信任度分别是非常信任 26.46%、比较信任 32.32%、信任30.22%、不太信任 9.22%、不信任 1.78%；互联网媒介内容的信任度分别是非常信任 13.38%、比较信任 23.44%、信任 29.45%、不太信任 27.55%、不信任 6.18%；手机信息的信任度分别是非常信任18.51%、比较信任 23.77%、信任 29.51%、不太信任 22.20%、不信任 6.01%。从横向的四种媒介来看，最信任的是广播电视，达到了89%，依次是报刊、手机和互联网，分别达到了 84.28%、71.79%、66.27%，详见表 4-7。

表 4-7　　　　　　　　　　**对媒介内容的信任度**

	非常信任	比较信任	信任	不太信任	不信任
报刊	21.67%	31.85%	30.76%	12.80%	2.91%
广播电视	26.46%	32.32%	30.22%	9.22%	1.78%
互联网	13.38%	23.44%	29.45%	27.55%	6.18%
手机	18.51%	23.77%	29.51%	22.20%	6.01%

4. 农业市场信息对于提高农业经济效益的有效性

在被访对象中，了解农业市场信息对于提高农业经济效益的作用，31.79% 的被访对象认为非常有效，29.74% 的被访对象认为比较有效，29.42% 的被访对象认为有效，7.26% 的被访对象认为不太有效，1.80% 的被访对象认为无效。整体上被访对象认为农业市场信息对于提高农业经济效益较为有效，但不同省份也表现出一些差异，甘肃、陕西的被访对象认为市场信息对提高农业经济效益的有效性高于其他两省（自治区），详见表 4-8。

表 4-8 农业市场信息对提高农业经济效益的有效性

	非常有效	比较有效	有效	不太有效	无效
甘肃	37.71%	31.39%	26.28%	4.14%	0.49%
宁夏	21.30%	32.41%	31.02%	10.19%	5.09%
青海	23.53%	25.49%	35.78%	12.25%	2.94%
陕西	33.88%	29.20%	28.93%	6.75%	1.24%
总样本	31.79%	29.74%	29.42%	7.26%	1.80%

5. 获取农业政策信息的有效渠道

被访对象认为农业政策信息的重要性最高，在进一步询问农业政策信息的获取渠道当中（设置为多项选择题，要求为最多3项，限选3项及以下），认为最有效的获取渠道是看电视、读报纸、听广播，百分比达到了65.43%，其次是与农技推广员、科技专家交流渠道获取，百分比达到38.25%，最少使用的渠道就是互联网或手机，百分比也达到了17.97%。这说明传统媒体依然是获取农业政策信息最主要的渠道，新媒体渠道也逐渐成为获取农业政策信息的渠道之一。不同省（自治区）在获取农业政策信息方面的渠道表现出了一些差异，详见表4-9。

表 4-9 农业政策信息有效的获取渠道

	甘肃	宁夏	青海	陕西	总样本
参加村民会议	31.90%	9.95%	14.48%	43.67%	28.37%
看电视、读报纸、听广播	27.77%	14.62%	13.44%	44.16%	65.43%
与朋友、亲戚、同村能人交流	21.92%	18.48%	12.86%	46.74%	35.43%
与农技推广员、科技专家交流	36.07%	7.05%	14.77%	42.11%	38.25%
与农资经营、合作社人员交流	24.74%	6.96%	9.79%	58.51%	24.90%
使用互联网或手机获取	27.86%	13.57%	3.21%	55.36%	17.97%

6. 获取农业科技信息的有效渠道

被访对象认为农业科技信息的重要性仅次于农业政策信息，在进一步询问农业科技信息的获取渠道中（设置为多项选择题，要求为最多3项，限选3项及以下），认为最有效的获取渠道是看电视、读报纸、听广播，百分比达到了 60.54%，其次是通过农技推广员和科技专家集中指导渠道获取，百分比达到 38.95%，最少使用的渠道是互联网或手机，百分比达到了 15.62%。详见表 4-10。对比表 4-9 和表 4-10 发现，农业政策信息和农业科技信息的获取渠道基本一致，主要依靠大众媒体和传统的人际传播，而新媒体在两类信息的获取当中也已崭露头角，逐渐显露新媒体的优势。

表 4-10　　　　　　　　农业科技信息有效的获取渠道

	甘肃	宁夏	青海	陕西	总样本
看农业科技类图书	29.59%	11.83%	12.72%	45.86%	21.72%
看电视、读报纸、听广播	27.71%	14.54%	13.80%	43.95%	60.54%
与朋友、亲戚、同村能人获取	19.52%	19.76%	14.70%	46.02%	26.67%
农技推广员、科技专家集中指导	33.50%	7.76%	13.70%	45.05%	38.95%
村里组织的培训或会议	32.86%	6.90%	13.10%	47.14%	26.99%
农资经营人员、合作社人员获取	25.30%	10.24%	10.24%	54.22%	21.34%
使用互联网或手机获取	25.10%	11.52%	5.76%	57.61%	15.62%

7. 获取农业市场信息的有效渠道

农业市场信息是现代农业生产生活当中最重要的生产要素之一。在西北四省（自治区）农村地区，农民获取农业市场信息最有效的渠道分别是依靠传统媒体达到 46.66%，同村亲朋好友达到 17.10%，使用新媒体达到了 15.81%，与农资经营业人员、专业合作社人员交流达到 13.56%，通过乡镇、村委会达到了 6.88%。具体分省（自治区）来看，各省（自治区）农民获取农业市场信息的渠道也不尽相同，详见表 4-11。

表 4-11　　　　　　　　市场销售信息最有效的获取渠道

	甘肃	宁夏	青海	陕西	总样本
看电视、读报纸、听广播	58.01%	51.16%	53.43%	36.97%	46.66%
与朋友、亲戚、同村能人	11.89%	23.72%	23.53%	16.28%	17.10%
使用互联网或手机获取	12.38%	13.02%	7.35%	20.97%	15.81%

续表

	甘肃	宁夏	青海	陕西	总样本
与农资人员、专业合作社人员交流	12.38%	6.98%	5.88%	18.34%	13.56%
乡镇、村委会	5.34%	5.12%	9.80%	7.45%	6.88%

（二）农民媒介使用现状

1. 最喜爱的媒体

在西北四省（自治区）农村中，有电视、广播、互联网、报刊等大众传播媒体。但农民最喜欢的媒体依然是电视，达到了 62.32%；互联网、手机、书籍、报纸、广播、杂志分别达到了 13.50%、13.50%、3.15%、2.96%、2.51%、2.06%。从表 4-12 可以看出，西北四省（自治区）农民最喜爱的电视媒体，互联网和手机等新媒体也是相对较为喜欢的媒体，对其他媒体的喜爱程度表现一般，详见表 4-12。

表 4-12　　　　　　　　　　最喜爱的媒体类型

	甘肃	宁夏	青海	陕西	总样本
报纸	6.07%	0.93%	1.96%	2.07%	2.96%
广播	4.13%	2.33%	1.96%	1.80%	2.51%
电视	61.17%	62.33%	77.45%	58.70%	62.32%
杂志	0.97%	3.72%	2.94%	1.93%	2.06%
书籍	4.13%	3.72%	0.98%	3.04%	3.15%
手机	11.65%	14.88%	7.84%	15.75%	13.50%
互联网	11.89%	12.09%	6.86%	16.71%	13.50%

2. 电视媒体使用情况

农业各类信息对于农业生产的重要性不言而喻。无论是农业政策信息、农业科技信息、市场销售信息的获取，还是新闻时政信息、文化娱乐信息等农业信息的获取，电视依然是西北四省（自治区）农村地区农民最常使用、最喜爱使用的大众媒体。为了进一步分析西北四省（自治区）农民接触电视媒体的情况，通过电视机拥有年限、收看电视的频次和喜爱的电视节目类型三个方面来了解农民电视媒体的使用情况。

电视机拥有年限。在所有被访对象当中，被询问家里第一次有电视机到现在的时间，回答分别如下：20 年以上占 40.71%，10—20 年的占 35.76%，5—10 年的占 18.14%，3—5 年的占 3.92%；3 年内的占 1.48%，拥有电视机 10 年以上的占到了 76.47%。通过认真观察表 4-13 会发现，在过去的几十年内，甘肃省的电视机普及速度高于其他三省，宁夏回族自治区和青海省的电视机普及速度远低于甘肃省和陕西省，这与当地的经济社会发展状况和农民的经济收入水平有直接关系。西北四省（自治区）农村地区农民拥有电视机的年限，详见表 4-13。

表 4-13　　　　　　　　　电视机拥有的年限

	甘肃	宁夏	青海	陕西	总样本
3 年内	0.49%	2.33%	1.96%	1.66%	1.48%
3—5 年	1.70%	8.84%	8.33%	2.48%	3.92%
5—10 年	9.73%	32.56%	30.88%	15.03%	18.14%
10—20 年	29.68%	39.07%	39.22%	37.24%	35.76%
20 年以上	58.39%	17.21%	19.61%	43.59%	40.71%

收看电视的频次。在所有被访对象中，具体收看电视节目的情况是：每天数次的占 82.15%，每周数次的占 12.76%，每月数次的占 2.90%，每年数次的占 1.16%，从来不看的占 1.03%。从表 4-14发现，每天或每周收看电视节目的受访对象达到了 95% 左右，和其他媒介接触情况呈现了不一致的情况，这进一步说明了电视是西北四省（自治区）农村地区农民接触最多的大众媒体。从西北四省（自治区）比较来看，四个省（自治区）的情况基本一致，相对而言，青海省被访对象看电视的频率要低于其他三个省（自治区）。详见表 4-14。

表 4-14 收看电视的频次

	每天数次	每周数次	每月数次	每年数次	从来不用
甘肃	82.97%	13.38%	2.43%	0.00%	1.22%
宁夏	82.79%	11.63%	2.33%	2.79%	0.47%
青海	77.72%	12.87%	5.45%	2.48%	1.49%
陕西	82.73%	12.71%	2.62%	0.97%	0.97%
总样本	82.15%	12.76%	2.90%	1.16%	1.03%

喜爱的电视节目类型。电视媒体在西北农村地区备受农民喜爱，在农民获取农业政策、科技、新闻时政等信息时起到了重要作用。因而，进一步了解农民观看的电视节目类型就很有必要。（电视节目的主要类型有：新闻类、经济类、法制类、服务类、教育类、文艺娱乐类，本题设置为多项选择题，要求为最多3项，限选3项及以下），被访对象最喜欢的电视节目类型为新闻类电视节目，占比达到了70.81%，然后是法制类电视节目，占比达到了52.05%，排在第三位的是文化娱乐类电视节目，占比达到了34.27%，排在第四位的是经济类电视节目，占比达到了29.90%，教育类和服务类电视节目都不到20%。因此，西北四省（自治区）农村当中农民最喜爱的三种电视节目类型为新闻类、法制类和文化娱乐类，各省（自治区）情况详见表4-15。

表 4-15 喜爱的电视节目类型

	甘肃	宁夏	青海	陕西	总样本
新闻类	28.52%	11.41%	13.43%	46.64%	70.81%
经济类	33.99%	8.93%	9.15%	47.93%	29.90%
法制类	30.16%	13.02%	9.14%	47.68%	52.05%
服务类	21.24%	11.50%	11.50%	55.75%	7.36%
教育类	29.00%	12.33%	6.67%	52.00%	19.54%
文化娱乐类	22.43%	16.16%	15.02%	46.39%	34.27%

3. 新媒介接触情况

通过上述多个方面的分析，我们发现在西北四省（自治区）农

村地区，电视是农民最喜欢的传统媒体，而互联网、手机等媒体是
农民比较喜欢的媒体类型，这三类媒体是农民获取农业信息的重要
渠道，为了进一步分析西北四省（自治区）农民接触新媒介的具体
情况，本部分设置了西北四省（自治区）农村地区农民接触新媒介
的题项，了解农民电脑拥有年限、互联网使用年限、手机拥有年限、
移动互联网使用年限、上网频次、微信使用频次以及上网的主要目
的等内容。

电脑拥有年限。在被访对象当中，被询问家里电脑拥有情况时，
回答如下：没有电脑的占到46.40%，1年内的占12.81%，2—3年的
占15.64%，4—5年的占10.42%，6年以上的占14.74%。在被访群
体当中，电脑拥有率达到了53.60%，认真观察表4-16发现，电脑拥
有率从高到低依次是陕西、甘肃、宁夏、青海，分别达到了62.50%、
54.14%、40.74%、34.48%。整体上陕西省被访群体的电脑普及程
度高于其他三省（自治区），详见表4-16。

表4-16　　　　　　　　　　　　　电脑拥有年限

	没有	1年内	2—3年	4—5年	6年以上
甘肃	45.85%	12.68%	18.05%	11.46%	11.95%
宁夏	59.26%	13.89%	12.50%	8.33%	6.02%
青海	65.52%	11.33%	9.36%	3.94%	9.85%
陕西	37.52%	12.97%	16.97%	12.28%	20.28%
总样本	46.40%	12.81%	15.64%	10.42%	14.74%

互联网使用年限。在所有被访对象当中，被询问互联网使用年限
时，回答分别如下：没有的占到50.58%，1年内的占14.04%，2—3
年的占14.10%，4—5年的占9.38%，6年以上的占11.90%，互联
网使用率达到了49.42%。从西北四省（自治区）横向比较来看，陕
西的互联网使用率最高，达到了53.69%，宁夏回族自治区达
51.38%，甘肃省则达到了48.04%，青海省的互联网使用率最低达
34.97%，详见表4-17。

表 4-17　　　　　　　　　　　　　互联网使用年限

	没有	1 年内	2—3 年	4—5 年	6 年以上
甘肃	51.96%	14.71%	12.75%	9.31%	11.27%
宁夏	48.61%	20.83%	16.20%	7.41%	6.94%
青海	65.02%	10.34%	14.29%	3.94%	6.40%
陕西	46.31%	12.66%	14.19%	11.54%	15.30%
总样本	50.58%	14.04%	14.10%	9.38%	11.90%

　　手机拥有年限。在所有被访对象当中，被询问手机拥有年限时，回答分别如下：没有的占到 7.09%，1 年内的占 6.58%，2—3 年的占 11.54%，4—5 年的占 15.22%，6 年以上的占 59.57%，手机拥有率达到了 92.91%。从西北四省（自治区）横向对比来看，除青海外其他三省（自治区）的手机拥有率都在 90% 以上，青海省为 85% 左右。观察表 4-18 发现，甘肃省和陕西省的被访对象手机拥有的年限较长，详见表 4-18。

表 4-18　　　　　　　　　　　　　手机拥有年限

	没有	1 年内	2—3 年	4—5 年	6 年以上
甘肃	5.38%	3.67%	10.02%	13.69%	67.24%
宁夏	6.48%	10.65%	17.13%	12.04%	53.70%
青海	15.27%	12.81%	14.29%	16.26%	41.38%
陕西	5.95%	5.26%	9.96%	16.74%	62.10%
总样本	7.09%	6.58%	11.54%	15.22%	59.57%

　　移动互联网使用年限。在被访对象当中，被询问互联网使用年限时，回答分别如下：没有的占到 38.75%，1 年内的占 12.96%，2—3 年的占 16.18%，4—5 年的占 12.83%，6 年以上的占 19.28%，总体上使用过移动互联网的农民达到了 61.25%。从西北四省（自治区）横向对比来看，宁夏回族自治区被访群体移动互联网使用率最高，达到了 67.13%，陕西达 63.03%，甘肃省达 59.03%，青海省的移动互联网使用率最低，达 53.20%。西北四省（自治区）农民移动互联网的使用比例普遍高于互联网的使用比例，详见表 4-19。

表 4-19　　　　　　　　　　　　移动互联网使用年限

	没有	1 年内	2—3 年	4—5 年	6 年以上
甘肃	40.98%	10.00%	16.83%	12.20%	20.00%
宁夏	32.87%	14.81%	16.67%	12.96%	22.69%
青海	46.80%	16.75%	15.76%	10.84%	9.85%
陕西	36.98%	13.02%	15.79%	13.71%	20.50%
总样本	38.75%	12.96%	16.18%	12.83%	19.28%

上网频次。在所有被访对象当中，具体上网频次是：每天数次的占 31.05%，每周数次的占 16.69%，每月数次的占 9.38%，每年数次的占 3.62%，从来不上的占 39.26%。对表 4-20 观察发现，每天或每周上网的比例达到了 48% 左右，远低于每天或每周收看电视的比例 95% 左右。从横向四省（自治区）对比来看，宁夏回族自治区的上网频次要高于其他三省，不使用网络的比例是 32.56%，青海的不使用互联网的比例是 53.47%。甘肃省和陕西省的上网频率基本上保持一致，详见表 4-20。

表 4-20　　　　　　　　　　　　上网频次

	每天数次	每周数次	每月数次	每年数次	从来不用
甘肃	29.10%	15.16%	11.49%	4.65%	39.61%
宁夏	35.35%	18.14%	10.23%	3.72%	32.56%
青海	21.29%	12.38%	7.43%	5.45%	53.47%
陕西	33.61%	18.33%	8.47%	2.50%	37.08%
总样本	31.05%	16.69%	9.38%	3.62%	39.26%

微信使用频次。在所有被访对象当中，使用微信的频次是：每天数次的占 32.19%，每周数次的占 9.73%，每月数次的占 5.52%，每年数次的占 3.44%，从来不用的占 49.12%。从西北四省（自治区）比较来看，各省（自治区）的微信使用频次表现出了一些差异。陕西省和宁夏回族自治区的被访对象微信使用频率基本一致，使用频次在 55% 左右，青海省被访对象的使用频次排在第二位，达到 48% 左右，而甘肃省被访对象的微信使用频次最低，达到 42% 左右，详见表 4-21。

表 4-21 微信使用频次

	每天数次	每周数次	每月数次	每年数次	从来不用
甘肃	24.50%	9.65%	4.46%	3.22%	58.17%
宁夏	32.09%	13.02%	7.44%	2.79%	44.65%
青海	27.36%	9.45%	4.98%	6.47%	51.74%
陕西	37.86%	8.88%	5.69%	2.91%	44.66%
总样本	32.19%	9.73%	5.52%	3.44%	49.12%

　　使用互联网和移动互联网的主要目的。网络是西北四省（自治区）农村地区居民继电视媒体之后最愿意接触的媒体，我们进一步了解了农民上网的目的。在所有有效样本当中，被询问上网的主要目的时（本题设置为多项选择题，将上网的主要目的归为 9 大类：浏览新闻资讯、查找农业信息、收发电子邮件、网络购物销售、网络游戏、交友聊天、写博客微博、观看视频节目、下载免费资料，要求最多选 3 项，限选 3 项及以下），百分比占前三位的应用分别是浏览新闻资讯 45.29%，查找农业新闻 35.80%，观看视频节目 29.76%，交友聊天应用也较多，排在了第四位，占 28.59%。其他应用均在 15% 以下。这说明西北四省（自治区）农民使用互联网和移动互联网的主要目的是浏览新闻资讯、查找农业信息、观看视频节目、交友聊天。具体分省（自治区）详细情况见表 4-22。

表 4-22 使用网络的主要目的

	甘肃	宁夏	青海	陕西	总样本
浏览新闻资讯	29.12%	11.76%	11.48%	47.63%	45.29%
查找农业信息	32.49%	7.80%	9.26%	50.45%	35.80%
收发电子邮件	18.99%	11.39%	21.52%	48.10%	5.13%
网络购物销售	17.82%	11.39%	9.41%	61.39%	13.13%
网络游戏	27.78%	21.11%	7.78%	43.33%	5.85%
交友聊天	24.32%	18.64%	13.18%	43.86%	28.59%
写博客微博	15.49%	12.68%	21.13%	50.70%	4.61%
观看视频节目	21.62%	13.10%	10.48%	54.80%	29.76%
下载免费资料	26.19%	7.74%	14.29%	51.79%	10.92%
不上网	28.95%	17.84%	14.91%	38.30%	22.22%

（三）农民其他现状

1. 接受培训的情况

在被访对象的有效样本当中，我们了解了农民接受培训的情况。被访对象中接受过培训的占38.68%，没有接受过培训的占61.32%。甘肃省接受过培训的比例最高，达52.68%，其次是青海省，接受过培训的达42.71%，再次是陕西省，接受过培训的达35%，排在最后的是宁夏回族自治区，接受过培训的只占20.28%，详见表4-23。

表4-23　　　　　　　　　　　　接受培训的情况

	甘肃	宁夏	青海	陕西	总样本
接受过	52.68%	20.28%	42.71%	35.00%	38.68%
没有接受过	47.32%	79.72%	57.29%	65.00%	61.32%

2. 空闲时间最愿意做的事情

通常条件下，农民在生产生活之余会有各自的业余时间安排，本部分了解西北四省（自治区）农民在空闲时间最愿意做的事情（设置为多项选择题，要求为最多选3项，限选3项及以下）。被访对象空闲时间最愿意做的事情分别是：看书、看电视、上网占74.12%，和亲朋好友聊天占36.80%，棋牌等其他娱乐占15.35%，辅导孩子完成作业占32.88%，做自己喜欢的其他事情占40.72%，不知道的占1.86%。排在前三位是：看书、看电视、上网、做自己喜欢的其他事情、和亲朋好友聊天，各省（自治区）情况详见表4-24。

表4-24　　　　　　　　　　　　空闲时间最愿意做的事情

	甘肃	宁夏	青海	陕西	总样本
看书、看电视、上网	27.12%	12.31%	12.74%	47.83%	74.12%
和亲朋好友聊天	22.86%	15.18%	14.66%	47.29%	36.80%
棋牌等其他娱乐	23.85%	12.13%	10.46%	53.56%	15.35%
辅导孩子完成作业	39.45%	8.98%	7.81%	43.75%	32.88%
做自己喜欢的其他事情	28.39%	11.04%	13.88%	46.69%	40.72%
不知道	17.24%	24.14%	20.69%	37.93%	1.86%

3. 解决农业生产当中的难题通常采用的措施

通常条件下，农民在生产生活中会遇到各种各样的问题，本部分了解了西北四省（自治区）农民采用何种措施来解决农业生产中的难题（设置为多项选择题，要求为最多选3项，限选3项及以下）。被访对象通常采取的措施：找村干部占 27.85%，找亲朋好友邻居占 32.82%，找职业农民占 20.76%，找农技员、科技专家占 38.62%，找农资企业、专业合作社人员占 27.27%，自己解决占 40.62%，通过热线电话、网络等解决占 15.15%。排在前三位的措施是：自己想办法解决、找农技员科技专家和找亲朋好友邻居来解决。通过热线电话、网络等措施解决农业生产生活当中问题的相对较少，详见表4-25。

表 4-25　　　　解决农业生产当中的难题通常采用的措施

	甘肃	宁夏	青海	陕西	总样本
找村干部	23.61%	13.66%	21.06%	41.67%	27.85%
找亲朋好友邻居	21.41%	14.93%	16.50%	47.15%	32.82%
找职业农民	22.36%	12.11%	9.94%	55.59%	20.76%
找农技员、科技专家	35.23%	7.01%	8.18%	49.58%	38.62%
找农资企业、专业合作社人员	23.88%	6.38%	7.57%	62.17%	27.27%
自己解决	30.79%	20.00%	14.29%	34.92%	40.62%
通过热线电话、网络等	33.19%	10.64%	8.09%	48.09%	15.15%

第三节　西北四省（自治区）农村地区信息传播对农民的影响

传播农业信息、满足信息需求、普及科技知识、服务农民生活是农业信息传播体系最重要的四项功能。大众传播的效果可以分为三种类型：认知层面、态度层面、行为层面[①]。认知层面的影响作用于主

---

① 张鑫：《大众传播效果研究新论》，《湖南社会科学》2003 年第 1 期。

体的记忆系统，引起主体认知结构的变化与重构。态度层面的影响作用于主体的观念、价值体系而引起主体情绪和情感的变化。行为层面的影响是通过主体的外在行动表现出来的，是以认知层面和态度层面的影响为基础来实现的。各类农业信息传播活动不断影响着西北四省（自治区）农民对外部世界的认知与理解，并在一定程度上改变着农民的认知、观念和行为。信息传播的实践活动是首先建立在媒介接触基础上的，进而去影响认知，最终影响农民的态度与行为。本节内容重点讨论信息传播实践活动对西北四省（自治区）农民观念层面和行为层面的影响。

一　西北四省（自治区）农村地区信息传播对农民观念的影响

（一）模型构建

基于农民在农业现代化进程中中心地位的考量，以农民现代观念和行为为现代性的目标要求，探讨农民现代性凭借现代传媒实现稳定的观念、行为的有效促进，实现与"新四化"同步要求的现代人的目标要求，实现人的发展与社会发展、农业现代化与国家现代化的同步发展。现代性代表着人类社会演进中最深刻、全方位的变革，是一个内涵丰富的概念体系。农民现代观念的本土化研究是考察信息传播与农民现代观念的有效研究框架，它试图用系统的观点在地域文化、社会文化、传统文化、观念心理等背景基础出发去探讨农民观念，探讨信息传播对农民观念行为方面的影响。

在经济全球化和传播技术高速发展的背景下，人的现代观念研究呈多学科视角。现有的关于人的现代观念的相关议题集中于：（1）人的现代性的内涵方面：人的现代性也称为个人现代性、心理现代化、人的现代化，是指态度、价值观、观念、感觉方式及行为方式[①]，是与现代化进程相适应的心理和行为倾向性，是特定发展阶段的一种认知和期待心理、价值、信仰、态度和行为基调，周晓虹（1998）指出

---

① 洪瑜、林少真：《个人现代性理论研究述评》，《集美大学学报》（哲学社会科学版）2009年第1期。

现代性的人应该具有一整套能够在现代社会中比较顺利地适应生活的价值观、生活态度和社会行为模式①。（2）农民现代性形成的影响因素与影响机制。现代社会的形成过程中，城市化、识字、媒介使用和政治参与等都与现代化程度相关（勒纳，1958）；影响人现代性的因素主要有教育、工作经验、接触大众媒介、大规模的科层组织、农村合作社运动、父亲的教育和家庭的环境等六要素论（英克尔斯，1995）；人的现代性的影响因素，一是社会因素，其中包括大众传媒等，二是个人因素；科技发展对人的现代性有双向的影响；徐福刚（2008）认为受众对各媒介的偏好对农民现代性具有显著影响②；但无论几要素论，传播媒介都是影响人的发展与现代性的重要因素。（3）信息传播与农民现代性的形成关系研究，信息传播对农民现代性的影响研究。国外经典的实证研究有英克尔斯（Alex Inkeles）、施拉姆（Wilbur Schramm）、勒纳（D. lemer）、罗杰斯（C. R. Rogers）等人的研究，他们站在西方标准化的视域下对发展中国家甚至落后国家的人进行研究，提出了传播的"移情"作用、创新扩散、大众传播的四大功能等理论和观点。张铮（2007）考察中国农民的现代性与媒介使用关系后，得出结论：网民应从"简单操作"向"全面整合"过渡，将会对农民的现代性提升产生积极作用③。张涛甫（2007）认为农民现代性的影响要素当中大众传播影响力比人际传播弱④；高红波（2013）通过实证调研发现"技术掌握""生活实用需求指向"与农民现代性呈显著正相关，"年龄"与农民现代性呈显著负相关⑤。

　　本部分研究结合前人对现代观念等问题的研究，同时结合我国西

---

① 周晓虹：《流动与城市体验对中国农民现代性的影响——北京"浙江村"与温州一个农村社区的考察》，《社会学研究》1998 年第 5 期。

② 徐福刚：《大众传媒对农民现代性的影响》，硕士学位论文，华中农业大学，2008 年。

③ 张铮、周明洁：《媒介使用与中国农民的现代性》，《国际新闻界》2007 年第 5 期。

④ 张涛甫：《中部农村地区信息传播与农民观念、交往状况变迁——以安徽六安农村为例》，《西南民族大学学报》（人文社科版）2009 年第 8 期。

⑤ 高红波：《新媒体需求与使用对农民现代化观念影响的实证研究——以河南巩义IPTV 农村用户为例》，《新闻与传播研究》2013 年第 7 期。

北地区农村城乡一体化进程和经济社会发展现状，从开放观念、教育期望、成功认知、时间观念维度来测量农民的现代观念。现代观念与人口变量、信息认知、媒介接触的研究框架如图4-1所示。

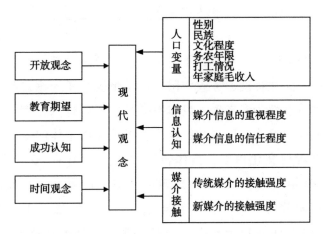

图4-1　自变量对西北四省（自治区）农民现代观念影响量化研究框架

　　因变量测量：因变量是西北四省（自治区）农民的现代观念，问卷中有4道题项涉及农民现代观念的四个维度，包括开放观念、教育期望、成功认知和时间观念。"开放观念"是指个体对新事物的接受程度，令"乐于接受=4，用了再说=3，稳妥一些还是使用老办法=2，不知道=1"。"教育期望"是指个体对子女受教育程度的期待，令"研究生及以上=4，本科=3，专科=2，高中及以下=1"。"成功认知"是指个体对获得成功依靠的认识，令"个人努力=4，社会关系=3，各种运气=2，不知道=1"。"时间观念"是指个体对约定时间差异的认识，令"1分钟也算迟到=4，10分钟左右=3，30分钟左右=2，无所谓=1"。然后将4道题得分加总来表示现代观念在这四个维度上的得分，作为因变量。被访对象现代观念四个维度的基本特征见表4-26。

表4-26　　　　　　被访对象现代观念各维度的基本特征

维度	N	最小值	最大值	平均数	标准偏差
开放观念	1555	1	4	3.38	0.88
教育期望	1558	1	4	3.08	1.04

续表

维度	N	最小值	最大值	平均数	标准偏差
成功认知	1557	1	4	3.63	0.66
时间观念	1555	1	4	2.10	1.10

人口学变量测量：本书的外在变量主要为人口学变量，具体包括性别、民族、文化程度、务农年限、打工情况、年家庭总收入。在测量上，性别以女性为参考项，以虚拟变量的形式进入模型。民族分为汉族和其他少数民族，以少数民族为参考项。用个体的受教育年限测量了被调查者的文化程度，具体转换方法为不识字＝0年；小学＝6年；初中＝9年；高中及中专＝12年；大专＝15年，本科及以上＝16年。务农年限当中，令"5年内＝1，6—10年＝2，11—15年＝3，16—20年＝4，21年以上＝5"。同时还测量了是否有外出打工经历，以不打工为参考项。年家庭总收入以2013年的全部收入来计算。

自变量测量主要包括：信息认知与媒介接触两部分。其中，信息认知包括对媒介信息的重视程度和对媒介信息的信任程度。媒介信息重视程度题项中有4类信息：农业政策信息、市场销售信息、新闻时政信息、文化娱乐信息，令"非常重要＝5，比较重要＝4，重要＝3，不太重要＝2，不重要＝1"，并将得分加总后形成媒介信息的重视程度。媒介信息的信任程度包括西北四省（自治区）农民对报刊、广播电视、互联网、手机媒介的信任程度，令"非常信任＝5，比较信任＝4，信任＝3，不太信任＝2，不信任＝1，无＝0"，并将得分加总后形成媒介信息的信任程度。

媒介接触包括传统媒介和新媒介的接触频率。在传统媒介、新媒介的接触频率测量中，将看书、读报刊、听广播、看电视视为传统媒介接触，将上网、电子邮件、腾讯QQ、微信等使用视为新媒介接触。令"每天数次＝5，每周数次＝4，每月数次＝3，每年数次＝2，从来不用＝1"。看书、读报刊、听广播、看电视等四种媒介接触加总后得分形成传统媒介接触强度，上网、电子邮件、腾讯QQ、微信四种媒介接触加总后得分形成新媒介接触强度，详见表4-27。

表 4-27　　　　　　　　　　　　自变量的描述统计

自变量名称	样本数	平均值	标准差	变量说明
性别	1555			1＝男；0＝女
民族	1561			1＝汉族；0＝少数民族
文化程度	1555	9.61	2.877	以受教育年限表示
务农年限	1508	3.19	1.531	［1—5］
打工情况	1547			1＝打过；0＝未打过
年家庭总收入	1485	34920	41818	［100—990000 元］
媒介信息重视程度	1556	8.834	3.395	［1—20］
媒介信息信任程度	1558	12.363	4.098	［1—20］
传统媒介接触强度	1553	13.274	3.710	［1—20］
新媒介接触强度	1548	10.160	5.789	［1—20］

（二）数据分析

1. 相关分析

媒介信息的重视程度、媒介信息的信任程度、媒介的接触强度等要素影响着西北四省（自治区）农民对外部世界的认知与理解。并在一定程度上改变了西北四省（自治区）农民对外部世界的观念与基本认知。在这一部分，利用相关分析方法对人口学变量中的连续变量文化程度、务农年限、年家庭总收入和信息认知、媒介接触和现代观念四个维度之间的相关关系进行探索。通过考察变量之间是否具有显著相关关系以决定其是否进入下一步的回归分析模型。

信息的重视程度与文化程度（相关系数为-0.150，以下皆为相关系数）、务农年限（-0.058）呈显著负相关。媒介信息的信任程度与文化程度（0.231）呈显著正相关，与信息的重视程度（-0.299）、务农年限（-0.097）呈显著负相关。传统媒介接触强度与媒介信息信任程度（0.381）、文化程度（0.265）呈显著正相关，与信息的重视程度（-0.242）呈显著负相关。新媒介接触强度与文化程度（0.335）、媒介信息信任程度（0.309）、传统媒介接触强度（0.291）、家庭总收入（0.128）呈显著正相关，与务农年限

（−0.445）、信息重视程度（−0.086）呈显著负相关。

　　开放观念与传统媒介接触强度（0.171）、媒介信息信任程度（0.155）、文化程度（0.120）、新媒介接触强度（0.116）、家庭总收入（0.112）、务农年限（0.069）均呈显著正相关，与信息重视程度（−0.173）呈显著负相关。教育期望与开放观念（0.105）、新媒介接触强度（0.084）呈显著正相关，与务农年限（−0.073）呈显著负相关。成功认知与开放观念（0.228）、文化程度（0.126）、传统媒介接触强度（0.111）、媒介信息信任程度（0.102）、教育期望（0.090）、年家庭总收入（0.059）均呈显著正相关，与信息重视程度（−0.113）呈显著负相关。时间观念与媒介信息信任程度（0.172）、新媒介接触强度（0.161）、传统媒介接触强度（0.137）、文化程度（0.058）均呈显著正相关，与信息重视程度（−0.171）、务农年限（−0.093）呈显著负相关。具体相关系数见表4−28。

表4−28　　　　　　　　　现代观念各维度与自变量的相关分析

	文化程度	务农年限	家庭总收入	信息重视程度	信息信任程度	传统媒介接触	新媒介接触	开放观念	教育期望	成功认知	时间观念
文化程度	1										
务农年限	−0.209 **	1									
家庭总收入	0.108 **	0.001	1								
信息重视程度	−0.150 **	−0.058 *	−0.024	1							
信息信任程度	0.231 **	−0.097 **	0.024	−0.299 **	1						
传统媒介接触	0.265 **	−0.032	0.007	−0.242 **	0.381 **	1					
新媒介接触	0.335 **	−0.445 **	0.128 **	−0.086 **	0.309 **	0.291 **	1				
开放观念	0.120 **	0.069 **	0.112 **	−0.173 **	0.155 **	0.171 **	0.116 **	1			
教育期望	0.021	−0.073 **	0.045	−0.021	0.001	−0.006	0.084 **	0.105 **	1		
成功认知	0.126 **	0.031	0.059 *	−0.113 **	0.102 **	0.111 **	0.043	0.228 **	0.090 **	1	
时间观念	0.058 *	−0.093 **	0.027	−0.171 **	0.172 **	0.137 **	0.161 **	0.030	−0.044	0.041	1

　　注：双尾检验显著度：*** $p<0.001$；** $p<0.01$；* $p<0.05$。

2. 回归分析

表 4-29 是自变量对因变量进行多元回归分析的结果。模型 1 只含有人口学变量，从模型 1 可看出民族、文化程度、年家庭总收入等均对现代观念具有正向影响。即汉族相对于少数民族群体来说现代观念更强；文化程度越高的群体现代观念越强；年家庭总收入越高的群体现代观念越强。这与我们现实生活中的基本认识保持一致。模型 2 是加入了媒介信息重视程度和媒介信息信任程度变量后的结果。结果显示人口学变量的文化程度对现代观念的影响消除，而民族和年家庭总收入还是正向影响现代观念，新增加的媒介信息重视程度对现代观念具有负向影响，即对媒介信息重视程度越高的群体现代观念越低，一般来讲，老年群体重视媒介信息，其现代观念也越低。媒介信息信任程度对现代观念具有正向影响，即对媒介信息越信任的群体现代观念越高。模型 3 是加入了传统媒介接触强度和新媒介接触强度变量后的结果。除新增加的变量以外，基本变量的影响与模型 2 保持一致，传统媒介接触强度和新媒介接触强度对现代观念均具有正向影响，即传统媒介接触强度和新媒介接触强度越高的群体现代观念越强。

表 4-29　　　　　　　　　　　现代观念的回归分析

模型		模型 1	模型 2	模型 3
		标准系数	标准系数	标准系数
		（标准误）	（标准误）	（标准误）
人口学变量	性别	0.007 （0.117）	-0.007 （0.113）	-0.009 （0.112）
	民族	0.086 ** （0.165）	0.094 *** （0.160）	0.086 *** （0.159）
	文化程度	0.097 *** （0.020）	0.044 （0.020）	0.010 （0.021）
	务农年限	-0.051 （0.038）	-0.053 （0.037）	0.000 （0.041）
	打工情况	-0.028 （0.120）	-0.014 （0.117）	-0.008 （0.116）
	年家庭总收入	0.075 ** （0.000）	0.074 ** （0.000）	0.064 * （0.000）

续表

模型		模型 1	模型 2	模型 3
		标准系数	标准系数	标准系数
		（标准误）	（标准误）	（标准误）
信息认知	媒介信息重视程度		-0.169 *** (0.016)	-0.160 *** (0.016)
	媒介信息信任程度		0.134 *** (0.014)	0.082 ** (0.014)
媒介接触	传统媒介接触强度			0.068 * (0.016)
	新媒介接触强度			0.132 *** (0.011)
常量		11.227	11.651	11.001
R²		0.036	0.093	0.110
调整后的 R²		0.032	0.088	0.104
样本数		1415	1415	1415

注：双尾检验显著度：*** $p<0.001$；** $p<0.01$；* $p<0.05$。

为了进一步探究自变量对现代观念中开放观念、教育期望、成功认知、时间观念四个维度的影响，继续进行了线性回归分析，通过控制人口学变量等因素的影响后，来分析媒介信息重视程度、媒介信息信任程度、传统媒介接触强度和新媒介接触强度对现代观念中四个维度的影响状况。

表 4-30　　　　　　　　现代观念四个维度的回归分析

模型	开放观念 标准系数 （标准误）	教育期望 标准系数 （标准误）	成功认知 标准系数 （标准误）	时间观念 标准系数 （标准误）
性别	0.006 （0.049）	-0.045 （0.060）	-0.031 （0.038）	0.041 （0.061）
民族	0.123 *** （0.069）	0.010 （0.085）	0.021 （0.053）	0.043 （0.087）
文化程度	0.038 （0.009）	-0.021 （0.011）	0.110 *** （0.007）	-0.052 （0.011）
务农年限	0.094 ** （0.018）	-0.043 ** （0.022）	0.031 （0.014）	-0.057 *** （0.022）
打工情况	-0.023 （0.050）	-0.043 （0.062）	-0.019 （0.039）	0.056 * （0.063）

续表

模型	开放观念	教育期望	成功认知	时间观念
	标准系数（标准误）	标准系数（标准误）	标准系数（标准误）	标准系数（标准误）
年家庭总收入	0.070** (0.000)	0.033 (0.000)	0.052 (0.000)	0.001 (0.000)
媒介信息重视程度	-0.110*** (0.007)	-0.035 (0.009)	-0.076** (0.005)	-0.138*** (0.009)
媒介信息信任程度	0.058* (0.006)	-0.034 (0.008)	0.047 (0.005)	0.093** (0.008)
传统媒介接触强度	0.081** (0.007)	-0.021 (0.008)	0.058 (0.005)	0.052 (0.009)
新媒介接触强度	0.089** (0.005)	0.087** (0.006)	-0.032 (0.004)	0.101** (0.006)
常量	2.499	3.448	3.265	1.853
R^2	0.096	0.017	0.042	0.076
调整后的 R^2	0.090	0.010	0.035	0.069
样本数	1413	1414	1413	1413

注：双尾检验显著度：*** $p<0.001$；** $p<0.01$；* $p<0.05$。

表 4-30 是自变量对现代观念中四个维度的回归分析。从人口学变量对开放观念影响的分析结果来看，民族、务农年限、年家庭总收入具有正向影响，即相对于女性群体来讲，男性群体的开放观念更强；相对于少数民族群体来讲，汉族群体开放观念更强；年家庭总收入越高的群体开放观念越强。从人口学变量对教育期望影响的分析结果来看，只有务农年限对教育期望具有负向影响，即务农年限越长的群体教育期望值越低，对子女教育的期望也越低。从人口学变量对成功认知影响的分析结果来看，只有文化程度对成功认知具有正向影响，即文化程度越高的群体越认为成功要依靠自己，反之文化程度越低的群体认为成功需要依靠各种运气和社会关系。从人口学变量对时间观念影响的分析结果来看，其他也有务农年限对时间观念、教育期望具有负向影响，即务农年限越长的群体时间观念越差。

媒介信息重视程度对现代观念中的开放观念、成功认知、时间观念均具有负向影响，但对教育期望的影响却没有达到显著程度。可能的解释，根据上一节的分析可知，重视相关信息的群体往往年龄偏大，这个群体的现代观念相对较差一点，所以对开放观念、成功认知、时间观念具有了负向影响。总体来看，媒介信息重视程度对四个维度均具有负向影响，但对教育期望没有达到显著水平。媒介信息信任程度对现代观念中的开放观念、时间观念呈正向影响，即越信任媒介信息的群体开放观念和时间观念越强。

传统媒介接触强度只对现代观念中的开放观念维度具有正向影响，即传统媒介接触越多的群体开放观念越强。新媒介接触强度对现代观念中的开放观念、教育期望、时间观念均呈现出了正向影响的作用，即新媒介接触越多的群体开放观念、时间观念也越强，同时对子女的教育期望值也越高。

（三）基本结论

整体上来讲，人口学变量中的民族、年家庭总收入、自变量中的媒介信息信任程度、传统媒介接触强度、新媒介接触强度均对现代观念中开放观念具有正向影响，而媒介信息重视程度具有负向影响。但进一步从现代观念中的四个维度来看，影响因素有所变化。人口学变量中的民族、务农年限、年家庭总收入对现代观念中的开放观念均具有正向影响，自变量中的媒介信息信任程度、传统媒介接触强度、新媒介接触强度也均对开放观念具有正向影响，而自变量中的媒介信息重视程度对开放观念具有负向影响。人口学变量中只有务农年限负向影响教育期望，自变量中新媒介接触强度正向影响教育期望。人口学变量中只有文化程度正向影响成功认知维度，自变量中媒介信息重视程度负向影响成功认知，其他自变量对成功认知没有影响。人口学变量中的务农年限负向影响时间观念，打工情况正向影响时间观念，自变量中媒介信息重视程度负向影响时间观念，自变量中媒介信息信任程度、新媒介接触强度对时间观念具有正向影响作用。

二　西北四省（自治区）农村地区信息传播对农民公共事务参与行为的影响[①]

（一）模型构建

社会公共事务包括教育、科技、文化艺术、医疗卫生、体育等公

---

①　本章节相关内容已发表在《新闻与传播研究》2015 年第 9 期。

共事业和社会服务，与全体社会成员的切身利益和日常生活联系最紧密①。与之相对应，社会公共事务参与就是指公民参与社会公共事务的行为和过程。相对于城市，农村的社会公共事务有其自身的特殊性，项继权（1998）指出，由于乡村基层社区事务更多的具有社会性色彩，政治意义相对淡薄，村民公共参与也因此具有更多的社会参与意义，其内涵与外延较村民政治参与要宽泛②。对于公共参与的内容，联合国大会将其定义为经济参与、政治参与、文化参与和社会参与四个方面③。

本部分主要探讨了媒介接触对农民政治参与、文化参与和社会参与的影响，涉及的具体行为包括村民会议参与、村委会选举的投票参与、农村集体文娱活动参与以及农田水利建设活动参与。目前，有关公共事务参与的研究主要集中在公民的政治参与上，对政治参与的研究主要有两种视角：一是社会网络或社会资本；二是媒介使用与媒介接触。本部分主要从第二种视角来关注。

从媒介使用视角来分析公共事务参与的研究也主要集中在公民政治事务参与上。在现代社会，媒介对公民政治参与的影响不可忽视，它是宣传政治知识的主要载体，也是促使公民政治社会化的主要途径之一。有关媒介使用对公民政治参与的影响，国外学者一直存在争论，持乐观态度的学者，如 McLeod 等认为媒介使用可以直接和间接地提高公民的政治参与④。诺里斯（Pippa Norris）也认为媒体暴露有利于提升公民的责任义务感，从而提高公民的政治兴趣、政治知识以及政治卷入感，促进公民的政治信任和政治参与⑤。与此相反，持消

---

① 余红：《知识决定参与？大学生网上社会公共事务参与影响因素分析》，《新闻与传播研究》2010 年第 5 期。

② 项继权：《中国村民的公共参与——南街、向高、方家泉三村的考察分析》，《中国农村观察》1998 年第 2 期。

③ 吴庆：《青年公共参与的兴起和参与原因探析》，《青年探索》2012 年第 1 期。

④ J. M. Mcleod, A. Others, "Community Integration, Local Media Use, and Democratic Processes", *Communication Research*, Vol. 23, No. 2, 1996, pp. 179–209.

⑤ Pippa Norris, "A Virtuous Circle : Political Communications in Postindustrialsocieties", *Journalism and Mass Communication Quarterly*, Vol. 78, No. 3, 2001, pp. 552–555.

极态度的学者则认为媒介使用可能引发犬儒主义，导致公众的政治冷漠。如迈克尔·J. 罗宾逊（Michael J Robinson）指出电视媒体具有负面的和反政府的特征，从而造成了受众的政治冷漠。进一步说，公众对电视的依赖性越大，对政府就越疏远，他将这一现象概括为"媒体抑郁症"①。

　　我国的政治体制不同于西方，媒体也没有完全市场化，大众传媒依然是政府的"代言人"，那么在中国，媒体接触与政治参与存在怎样的关系？仇学英（2004）研究发现接触大众传播媒介比较多的民众，其政治参与态度就越积极，二者呈正相关关系②。陈鹏（2014）基于全国代表性数据分析了媒体与中国农民政治参与的关系，发现获取成本较低的地方媒体对中国农民的温和性政治参与具有显著影响，但媒体对抗争性政治参与行为不存在影响③。庞超（2011）通过对当下农民政治参与社会空间进行考察，发现由于大众传媒自身的局限性、经济效益与政治因素的影响，其介入的政治参与还处于一种初始阶段，在充当农民政治参与渠道方面，其功能还未得到充分发挥④。有关媒介使用与城市居民政治参与的研究，如曾凡斌（2014）通过对2005 年中国综合社会调查（CGSS）数据的研究发现媒介使用里的新闻接触对城市居民政治参与具有显著正向影响⑤。方雪琴（2013）还探讨了自媒体使用对网上网下公共事务参与的影响，发现自媒体的使

---

① Michael J. Robinson, "Public Affairs Television and Growth of Political Malaise: The Case of 'The Selling of the Pentagon'", *American Political Science Review*, Vol. 70, No. 2, 1976, pp. 409-432.

② 仇学英：《传播学跨学科发展的探索性研究报告——西部乡村的大众媒介传播和农民政治参与》，张国良、黄芝晓主编《全球信息化时代的华人传播研究：力量汇聚与学术创新》，复旦大学出版社 2004 年版。

③ 陈鹏：《媒体与中国农民政治参与的关系研究——基于全国代表性数据的实证分析》，《云南行政学院学报》2014 年第 4 期。

④ 庞超：《和谐社会构建视野下农民政治参与问题研究》，博士学位论文，华东理工大学，2011 年。

⑤ 曾凡斌：《社会资本、媒介使用与城市居民的政治参与——基于 2005 中国综合社会调查（CGSS）的城市数据》，《现代传播》2014 年第 10 期。

用不仅加强了网民在虚拟空间的联系，而且网民的链接和动员可能从虚拟的空间"挪移"至现实的世界，使得网民的线下行动更有力量①。可以看出，在中国，媒介接触与政治参与的关系也是比较复杂的，学者们并没有达成一致的结论。

从现有文献来看，有关媒介接触与公共事务参与的研究呈现三个特点：一是公共事务的内涵较窄，现有研究中所指的公共事务参与主要是指政治参与；二是参与对象以在校大学生为主，对农民公共事务参与的研究较少；三是媒介性质以网络新媒介为主，有关传统媒介影响的研究较少，而传统媒介和新媒介的比较研究更是少见。本部分正是从这几个方面出发，希望能更加全面了解媒介接触与西北四省（自治区）农民公共事务参与行为的关系。在文献梳理的基础上形成如图4-2所示的研究框架。

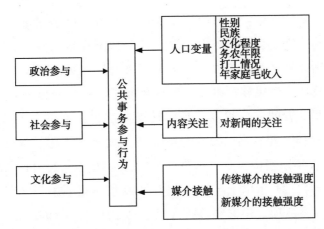

图4-2　自变量对西北四省（自治区）农民公共事务参与行为影响研究框架

因变量测量：本书中因变量是西北四省（自治区）农民的公共事务参与行为，问卷中所涉及的公共事务参与行为包括村民会议参与、集体文娱活动参与、农田水利建设活动参与以及村委会选举时的投票参与，选项根据是否参与分为"参与过"和"未参与"两项。这里将"参与过"取值为"1"，"未参与过"取值为"0"。根据这些公共

---

① 方雪琴：《自媒体使用对网上网下公共事务参与的影响》，《现代传播》2013年第12期。

事务的特点，我们将农民的公共事务参与行为分为三大类，即政治参与（村民会议、选举投票），社会参与（农田水利建设活动），文化参与（集体文娱活动），见表4-31。其中，被访对象参加村民会议和选举投票中的任何一项，都视为进行过政治参与。为了综合考查农民的公共事务参与行为强度，对以上四种行为的"参与过"和"未参与"分别加总，得到了公共事务参与行为的强度。

表4-31　　被访对象公共事务参与行为各维度的参与情况

维度	N	参与频数	参与者的比例（%）
政治参与	1559	1285	82.32
社会参与	1558	747	47.85
文化参与	1555	731	46.83

人口学变量测量：本书的外在变量主要为人口学变量，具体包括性别、民族、文化程度、务农年限、打工情况和年家庭总收入。在测量上，性别以女性为参考项，以虚拟变量的形式进入模型。民族划分为汉族和其他少数民族，以少数民族为参考项。用个体的受教育年限测量了被调查者的文化程度，具体转换方法为：不识字=0年；小学=6年；初中=9年；高中及中专=12年；大专=15年，本科及以上=16年。务农年限当中，令"5年内=1，6—10年=2，11—15年=3，16—20年=4，21年以上=5"。同时还测量了是否有外出打工经历，以不打工为参考项。年家庭总收入以家庭2013年全部收入来计算。

自变量测量：本部分的自变量主要包括：内容关注与媒介接触两部分。其中，内容关注主要指对新闻节目的关注，以对非新闻（经济类、教育类、文娱类节目）的关注作为参考项。媒介接触包括传统媒介和新媒介的接触。在传统媒介、新媒介的接触频率测量中，将看书、读报刊、听广播、看电视视为传统媒介接触，将上网、电子邮件、腾讯QQ、微信等使用视为新媒介接触。令"每天数次=5，每周数次=4，每月数次=3，每年数次=2，从来不用=1"。看书、读报刊、听广播、看电视等四种媒介接触加总后得分形成传统媒介接触强度，上网、电子邮件、腾讯QQ、微信四种媒介接触加总后得分形成新媒介接触强度，自变量测量见表4-32。

表 4-32　　　　　　　　　　　　自变量的描述统计

自变量名称	样本数	平均值	标准差	变量说明
性别	1555			1＝男；0＝女
民族	1561			1＝汉族；0＝少数民族
文化程度	1555	9.61	2.877	以受教育年限表示
务农年限	1508	3.19	1.531	［1—5］
打工情况	1547			1＝打过；0＝未打过
年家庭总收入	1485	34920	41818	［100—990000 元］
对新闻的关注	1535			1＝新闻节目；0＝非新闻类节目
传统媒介接触强度	1553	13.274	3.710	［1—20］
新媒介接触强度	1548	10.160	5.789	［1—20］

（二）数据分析

1. 相关分析

对新闻内容的关注、媒介的接触强度等要素影响着西北四省（自治区）农民公共事务参与行为的认知与理解。在这一部分，利用相关分析方法对人口学变量中的连续变量文化程度、务农年限和家庭总收入、新闻关注、媒介接触、政治参与、社会参与、文化参与三组变量之间的相关关系进行探索。从而发现三组变量中的哪些变量具有相关关系，测量采用皮尔逊相关，这种相关显著与否，是正相关还是负相关。为进一步的回归分析方法来探讨现代观念的影响因素打下基础。

对新闻的关注与务农年限具有正相关关系（相关系数为0.215）。传统媒介接触强度与文化程度具有正相关关系（0.265），新媒介接触强度与文化程度（0.335）、传统媒介接触强度（0.291）、年家庭总收入（0.128）具有正相关关系，而与务农年限（-0.445）、对新闻的关注（-0.131）具有负相关关系。

政治参与和务农年限（0.160）、新闻关注（0.122）、传统媒介接触强度（0.118）具有正相关关系，与新媒介接触强度（-0.126）具有负相关关系。社会参与和政治参与（0.331）、传统媒介接触强度（0.206）、务农年限（0.161）、新闻关注（0.095）具有正相关关系，与新媒介接触强度（-0.094）具有负相关关系。文化参与和社会参与（0.389）、政治参与（0.318）、传统媒介接触强度（0.184）、新闻的关注（0.093）、文化程度（0.068）均具有正相关关系。具体相关系数见表4-33。

表4-33　　　　　公共事务参与行为与自变量的相关分析

	文化程度	务农年限	年家庭总收入	对新闻的关注	传统媒介接触	新媒介接触	政治参与	社会参与	文化参与
文化程度	1								
务农年限	-0.209**	1							
年家庭总收入	0.108**	0.001	1						
对新闻的关注	0.023	0.215**	0.030	1					
传统媒介接触强度	0.265**	-0.032	0.007	0.044	1				
新媒介接触强度	0.335**	-0.445**	0.128**	-0.131**	0.291**	1			
政治参与	-0.026	0.160**	0.023	0.122**	0.118**	-0.126**	1		
社会参与	0.027	0.161**	-0.015	0.095**	0.206**	-0.094**	0.331**	1	
文化参与	0.068**	0.041	0.036	0.093**	0.184**	0.018	0.318**	0.389**	1

注：双尾检验显著度：*** $p<0.001$；** $p<0.01$；* $p<0.05$。

2. 回归分析

为了探明西北四省（自治区）农民对新闻的关注与媒介接触强度对其公共事务参与行为次数的影响，本书对人口学变量、自变量与农民公共事务参与行为次数做线性回归分析，表4-34是自变量对因变量公共事务参与行为次数的影响。

模型1只含有人口学变量，从模型1可以看出性别、文化程度、务农年限等均对公共事务参与行为次数具有正向影响。即男性相对于女性来讲，更愿意参加农村公共事务活动；文化程度越高的群体也更愿意参加农村公共事务活动；务农年限越长的群体也更愿意参加农村公共事务活动。模型2是加入了自变量对新闻的关注后的结果，人口学变量中的性别、文化程度、务农年限等均具有正向影响作用，但是文化程度的显著性变弱。此外，新加入的自变量新闻关注对农民公共事务参与次数也具有正向影响，也就是说越关注新闻内容的群体越喜欢参与农村公共事务。模型 3 中加入了传统媒介接触强度和新媒介接触强度，目的是了解新旧媒介接触强度对农民公共事务参与行为次数的影响。从模型 3 的结果来看，人口学变量中除性别、文化程度、务农年限等三个变量对农民公共事务参与行为次数具有正向影响外，人口学变量中的民族对农民公共事务参与行为次数具有了负向影响，即相对于汉族群体来讲，少数民族群体更愿意参加农民公共事务。自变量中新闻关注、传统媒介接触强度对农民公共事务参与行为次数均具有显著正向影响作用，即越喜欢关注新闻的群体越愿意参加农村公共事务，接触传统媒体越多的群体越愿意参加公共事务活动，但新媒介的接触对农民公共事务参与行为次数具有负向影响作用，即接触新媒介越多的群体越不愿意参加农村公共事务活动。

表 4-34　　自变量农民公共事务参与行为次数的回归分析

模型		模型 1 标准系数（标准误）	模型 2 标准系数（标准误）	模型 3 标准系数（标准误）
人口学变量	性别	0.106 *** (0.059)	0.097 *** (0.059)	0.094 *** (0.057)
	民族	−0.045 (0.083)	−0.045 (0.083)	−0.056 * (0.080)
	文化程度	0.092 *** (0.010)	0.088 ** (0.010)	0.043 ** (0.010)
	务农年限	0.160 *** (0.019)	0.144 *** (0.020)	0.106 *** (0.021)
	打工情况	−0.023 (0.061)	−0.018 (0.060)	−0.002 (0.059)
	年家庭总收入	−0.001 (0.000)	−0.001 (0.000)	0.018 (0.000)
内容关注	对新闻的关注		0.082 ** (0.062)	0.069 ** (0.060)
媒介接触	传统媒介接触强度			0.269 ** (0.008)
	新媒介接触强度			−0.105 *** (0.005)
常量		1.128	1.049	0.488
R^2		0.046	0.052	0.115

续表

模型	模型 1 标准系数（标准误）	模型 2 标准系数（标准误）	模型 3 标准系数（标准误）
调整后的 R^2	0.041	0.047	0.109
样本数	1401	1401	1401

注：双尾检验显著度：*** $p<0.001$；** $p<0.01$；* $p<0.05$。

　　为了进一步探究自变量对西北四省（自治区）农民对不同类型公共事务参与行为的影响，在这里进行了二元逻辑回归分析，通过控制人口学变量等因素的影响后，来分析新闻关注、传统媒介接触强度、新媒介接触强度对政治参与、社会参与和文化参与三种不同类型的公共事务参与行为的影响。表 4-35 是自变量对西北四省（自治区）农民公共事务参与行为的二元逻辑回归分析。

表 4-35　自变量对不同类型公共事务参与行为的二元逻辑回归分析

模型	政治参与 标准系数	政治参与 标准误	政治参与 ExP（B）	社会参与 标准系数	社会参与 标准误	社会参与 ExP（B）	文化参与 标准系数	文化参与 标准误	文化参与 ExP（B）
性别	-0.350 *	0.155	0.704	-0.630 ***	0.124	0.533	-0.080	0.119	0.923
民族	0.648 **	0.246	1.912	0.130	0.174	1.139	0.249	0.168	1.283
文化程度	0.025	0.028	1.025	0.035	0.023	1.035	0.024	0.022	1.025
务农年限	0.190 ***	0.059	1.209	0.164 ***	0.045	1.178	0.045	0.043	1.046
打工情况	0.102	0.172	1.107	-0.065	0.127	0.937	0.027	0.122	1.028
年家庭总收入	0.000	0.000	1.000	0.000	0.000	1.000	0.000	0.000	1.000
对新闻的关注	0.378 *	0.159	1.459	0.139	0.130	1.149	0.308 *	0.127	1.361
传统媒介接触强度	0.134 ***	0.023	1.144	0.152 ***	0.017	1.164	0.102 ***	0.016	1.108
新媒介接触强度	-0.057 ***	0.016	0.944	-0.044 ***	0.012	0.957	-0.009	0.011	0.991
Cox & Snell R^2	0.068			0.113			0.044		
Nagelkerke R^2	0.116			0.150			0.059		
样本数	1401			1400			1399		

注：双尾检验显著度：*** $p<0.001$；** $p<0.01$；* $p<0.05$。

　　由表 4-35 可见，性别、民族、文化程度、务农年限、打工情况、年家庭总收入、对新闻的关注、传统媒介接触强度和新媒介接触强度为自变量对是否政治参与二元逻辑回归估计，Cox & Snell R^2 取值为 0.068 和 Nagelerke R^2 取值为 0.116。其中，性别、民族、务农年限等人口学变量以及被访对象对新闻的关注、传统媒介接触强度、新媒介接触强度都对政治参与有显著影响。就性别而言，以男性为参照，女性农民政治参与的发生比是男性农民政治参与发生比的 0.70 倍；民族以少数民族为参照，汉族农民政治参与的发生比是少数民族农民政治参与发生比的 1.91 倍；务农年限越长政治参与的发生比也相对越大；对新闻的关注程度越高、传统媒介接触强度越大的农民政治参与的发生比也越大，但新媒介接触强度越大的农民政治参与的发生比却越小。虽然这个现象不符合研究的预期，但也符合常识，可能与被访对象的年龄相关，存在交互效应。

以性别、民族、文化程度、务农年限、打工情况、年家庭总收入、对新闻的关注、传统媒介接触强度和新媒介接触强度为自变量对是否社会参与二元逻辑回归估计，Cox & Snell R^2 取值为 0.113 和 Nagelerke R^2 取值为 0.150。其中，性别、务农年限，以及被访对象对传统媒介接触强度和新媒介接触强度都对其社会参与有显著影响。就性别而言，以男性为参照，女性农民社会参与的发生比是男性农民政治参与发生比的 0.53 倍；务农年限越长，社会参与的发生比也相对越大；对传统媒介接触强度越大的农民社会参与的发生比也越大，但新媒介接触强度越大的农民社会参与的发生比却越小。虽然这个现象也不符合研究的预期，但也符合常识，可能与被访对象的年龄相关，存在交互效应。

以性别、民族、文化程度、务农年限、打工情况、年家庭总收入、对新闻的关注、传统媒介接触强度和新媒体接触强度为自变量对是否文化参与二元逻辑回归估计，Cox & Snell R^2 取值为 0.044 和 Nagelerke R^2 取值为 0.059。其中，被访对象对新闻的关注、传统媒介接触强度对其文化参与有显著影响。被访对象对新闻的关注程度越高、传统媒介接触强度越大的农民文化参与的发生比越大。

（三）基本结论

人口学变量中的性别、民族、文化程度、务农年限等变量对农民的公共参与行为都具有显著的正向影响。自变量中的新闻的关注、传统媒介接触两个变量对公共事务参与行为具有显著的正向影响，而自变量中的新媒介接触对公共事务参与呈显著的负向影响，这也说明农民当中喜欢接触新媒体的群体不愿意参与公共事务活动，同时也从侧面反映了新媒介所传达的信息是碎片化、娱乐化的信息，在培养公民意识上作用有限，而传统媒体往往是党和政府的喉舌，具有较强的舆论引导作用，能够较好地培养受众的公民意识，促使其参与各项公共事务活动。

新闻的关注对农民公共事务中政治参与、社会参与和文化参与的影响不同，越关注新闻的农民越倾向于政治参与和文化参与。新旧媒介接触对农民公共事务中政治参与、社会参与和文化参与的影响不同。传统媒介的接触强度对农民的政治参与、社会参与和文化参与都具有正向的影响作用，而新媒介接触强度对政治参与和社会参与具有负向作用，对文化参与没有显著影响。

三　西北四省（自治区）农业信息传播调查分析的结论

（一）西北地区农民对农业信息重要程度的认识水平较高，但对不同类别信息的重要程度感知存在差异

西北四省（自治区）的被访对象认为农业政策信息、农业科技信息、市场销售信息、天气气象信息对他们生产、生活的重要性强，他们认为生态环境信息、新闻时政信息对他们生产生活的重要性较强；而文化娱乐信息对他们生产生活的重要性相对弱。被访对象中，认为农业政策信息重要的农民占总数的 95.30%、认为农业科技信息重要的农民占总数的 93.38%、认为市场销售信息重要的农民占总数的 90.80%、认为天气气象信息重要的农民占总数的 93.43%；另有 87.45% 的被访对象认为生态环境信息重要、有 85.56% 的被访对象认为新闻时政信息重要、有 65.53% 的被访对象认为文化娱乐信息重要。

（二）西北地区农民对其所感知的重要农业信息的关注程度不高

西北四省（自治区）的被访对象都表示农业政策信息与农业科技信息对他们生产生活的重要性强。但在调查他们对这些信息的关注程

度时，被访对象中表示经常关注农业政策信息的农民仅占总数的
50.71%；表示偶尔或从不关注农业政策信息的农民占总数的
49.29%。被访对象中表示经常关注农业科技信息的农民仅占总数的
39.73%；表示偶尔或从不关注农业政策信息的农民高达60.27%。

（三）西北地区农民对传统农业信息传播媒介的信任程度高于对
互联网与手机等新媒介的信任程度

调查结果显示，被访对象中表示对报刊信任的农民占到总数的
84.28%；被访对象中表示对广播电视信任的农民占到总数的
89.00%；被访对象中对手机作为传播媒介表示信任的农民占到总数
的71.79%；被访对象中对互联网作为传播媒介表示信任的农民占到
总数的66.27%，也就是说，被访对象中有33.73%的农民对互联网作
为传播媒介表示不信任。

（四）传统媒体仍是西北地区农民获取重要农业信息的主渠道，
手机、互联网等新媒介还不是重要农业信息传播的主渠道

调查显示，被问及对重要农业信息的获取渠道时，被访对象中有
65.43%的农民表示传统媒体是获取农业政策信息最有效的渠道，被
访对象中有60.54%的农民表示传统媒体是获取农业科技信息最有效
的渠道；然而，被访对象中仅有17.97%的农民表示新媒体是获取农
业政策信息的有效渠道，被访对象中仅有15.62%的农民表示新媒体
是获取农业科技信息的有效渠道。

（五）西北地区农民最喜爱的媒体类型是电视，其次为互联网和
手机

调查显示，被问及最喜爱的媒体类型时，被访对象中有62.32%
的农民表示最喜爱的媒体类型是电视，被访对象中有13.50%的农民
表示最喜爱的媒体类型是互联网，被访对象中有13.50%的农民表示
最喜爱的媒体类型是手机。

（六）西北地区农民现代观念的四个维度中，开放观念、教育期
望和成功认知水平较高，时间观念不强

本书通过对新事物的接受程度来操作化测量农民的开放观念。调
查显示，被访对象的平均得分为3.38，这个数值表示被访对象接受新

事物的态度处于"先用再说"与"乐于接受"之间，说明被访对象的开放观念较强。本书通过了解农民对子女受教育程度的期待来操作化测量农民的教育期望，调查显示，被访对象的平均得分为3.08，这个数值表示被访对象对子女受教育程度的期待处于"本科"与"研究生及以上"之间，接近"本科"，说明被访对象的教育期待水平较高。本书通过了解农民对成功的归因来操作化测量农民的成功认知，调查显示，被访对象的平均得分为3.63，这个数值表示被访对象对成功的归因以"个人努力"为主，略倾向于"社会关系"，说明被访对象对成功的认知归于个人努力。本书通过了解农民对约定时间差异的认识来操作化测量农民的时间观念，调查显示，被访对象的平均得分为2.10，这个数值表示被访对象对约定时间差异的认识处于"30分钟左右"的水平，接近"无所谓"，说明被访对象的时间观念不强。

（七）西北地区农民公共事务参与的三个维度中，政治参与人群的覆盖面广，社会参与和文化参与的人群覆盖面处于中等水平

本书通过对农民是否参与村民会议、选举投票来了解农民的政治参与情况，调查显示有82.32%的被访对象参与过此类活动，表示农民政治参与的人群较广；通过对农民是否参与过农田水利建设活动来了解农民的社会参与情况，调查显示，有47.85%的被访对象参与过此类活动，表示农民社会参与的人群覆盖面处于中等水平；通过对农民是否参与集体文体娱乐活动来了解农民的文化参与情况，调查显示，有46.83%的农民参与过此类活动，表示农民文化参与的人群覆盖面处于中等水平。

（八）西北地区农民传统媒介接触强度对其现代观念中的开放观念有显著正向影响，新媒体接触强度对其现代观念的开放观念、教育期望和时间观念都有显著正向影响

本书通过对农民看书、读报刊、听广播和看电视的频率来了解农民传统媒介接触频率，调查结果显示，被访对象在传统媒介接触上的得分为13.27，这个得分表示被访对象传统媒介接触的频率介于"每月数次"到"每周数次"之间；本书通过对农民浏览网页、收发电子邮件、接触社交平台的频率来了解农民新媒介接触强度，调查结果显

示，被访对象在传统媒介接触上的得分为 10.16，这个得分表示被访对象新媒介接触的强度介于"每年数次"到"每月数次"之间。本书考察了西北地区农民不同类型媒介接触强度对其现代观念的影响，数据分析的结果表明，被访对象传统媒介接触强度仅对其现代观念中的开放观念有显著的正向影响，即被访对象传统媒介接触越频繁，其观念越开放。数据分析的结果还显示，被访对象新媒体接触强度对其现代观念的开放观念、教育期望、时间观念都有显著的正向影响，即西北地区农民新媒体接触强度越大，他们的观念越开放，对子女的教育期望越高，时间观念也越强。

（九）西北地区农民的信息认知对其现代观念的影响：西北地区农民媒介信息重视程度越高，其开放观念、成功认知和时间观念越不理想；农民对媒介信息的信任程度越高，他们的观念越开放，对子女的教育期望越高，时间观念也越强

本书中对农民通过媒介接触的农业政策信息、市场销售信息、新闻时政信息、文化娱乐信息重要程度的感知，了解农民的媒介信息重视程度。调查结果显示，被访对象在媒介信息重视程度上的得分为8.83，这个得分表示被访对象对媒介信息重视程度的感知处于"不太重要"到"重要"之间；本书通过对农民对报刊、广播电视、互联网、手机媒介的信任程度的感知，了解农民的媒介信息信任程度，调查结果显示，被访对象在媒介信息信任程度上的得分为12.36，这个得分表示被访对象对媒介信息信任程度的感知处于"信任"到"较信任"之间。本书考察了西北地区农民媒介信息重视程度和信任程度对其现代观念的影响，数据分析的结果表明，被访对象媒介信息的重视程度对其现代观念的四个方面均有负向影响，但对教育期望的影响没有通过显著性检验，即被访对象对媒介信息重视程度越高，其开放观念、成功认知和时间观念越不理想。这个结论与我们的预期不符，农民对媒介信息重视程度的感知和现代观念都受年龄影响较大，因而考虑这对关系受年龄因素调节，这个预设值得后续研究关注与探讨。数据分析的结果还显示，被访对象对媒介信息的信任程度对其现代观念中的开放观念、教育期望、时间观念都有显著正向的影响，即西北地

区农民对媒体信息的信任程度越高，他们的观念越开放，对子女的教育期望越高，时间观念也越强。

（十）西北地区农民传统媒介接触强度、新媒体接触强度对其公共事务行为参与有显著影响

数据分析的结果表明，被访对象对传统媒介接触强度越大，其社会参与的发生比也越大，但新媒介接触强度越大的农民政治参与的发生比却越小。被访对象新闻关注、传统媒介接触强度对其文化参与有显著影响。被访对象对新闻的关注越多、传统媒介接触强度越大的农民政治参与的发生比也越大。

第四节　农业信息传播的特征

人类社会正在步入美国社会学家丹尼尔·贝尔所谓的"后工业社会"或美国管理学大师德鲁克所谓的"信息社会"，而美国著名学者福山把这场空前的社会转型称为"大破坏"。这一社会形态表现出的本质性特征就是信息和知识成为人类最重要的资源，社会转型或者变革成为相当长一段时期的新常态。美国学者预测，从 20 世纪 60 年代开始，由信息技术带动的社会转型将在 2020 年前后大致完成[①]。信息社会来临之际，信息传播高度发达的环境下，西北农村地区保持着相对传统的信息传播方式，但新的传播科技也初见端倪。西北地区由于历史、地理、自然等多种原因，经济社会发展速度相对滞后，农村社会的传播也呈现了一些独有的特征。

一　电视媒体依旧是农业信息传播的主要形式

电视媒介作为西北农村地区传播信息最广泛的媒介，在农村社会变迁、农民发展与农村经济社会发展中扮演着重要的角色。电视是国

---

① 魏然、周树华、罗文辉：《媒介效果与社会变迁》，中国人民大学出版社 2016 年版，第 259 页。

家政策上情下达的重要渠道，是农民了解社会的重要窗口，也是农民文化娱乐的重要形式。在西北农村地区，农民接触最多的媒介是电视，广播和报纸则较少。当前西北地区农民在获取新闻时政信息、文化娱乐信息、农业政策信息、农业科技信息、市场销售信息等方面主要依靠电视等大众传播媒体。

电视是西北农村地区家庭基本的传播和娱乐工具，也是每一个家庭必备的家用电器。在西北农村地区电视普及率近100%，拥有电视机10年以上的家庭占到了近75%，与近20年来当地农村经济发展水平和农民的收入水平有直接关系。电视是农民接受信息的窗口，也是农民最常使用、最喜欢的大众媒体，电视传播的各类信息当中，西北地区农民接触最多的是新闻类节目，其次是法制类节目、文化娱乐类节目、经济类节目、教育类节目和服务类节目。

目前，我国拥有800多个地级以上开路专业电视频道，播出范围覆盖全国，还有付费电视频道126个，全部为专业频道[①]。但涉及农业的专业化频道却不多，包括中央电视台第七套农业频道、吉林电视台乡村频道、山东电视台农科频道、河北电视台农民频道、河南电视台新农村频道、浙江电视台公共新农村频道、陕西电视台农林卫视频道，与庞大的中国农村受众群体相比，农业电视专业化频道发展数量极少。农业科技信息是推动农业现代化进程的重要资源，市场经济信息是发展现代农业的重要资源，电视也是承载这两类信息的重要传播媒体。电视作为农民最喜爱且普及率最高的媒体，理应在农业现代化建设进程中扮演更加重要的角色，需要寻找更好的切入点积极为"三农"服务。

二　新媒体在农业信息传播中的作用凸显

近年来，以智能手机和计算机互联网为代表的新媒体在中国发展日新月异，应用到了社会生活的诸多领域和行业，特别是2015年国

---

① 李岚、莫桦、罗艳：《中国电视专业化建设现状、问题与对策》，《现代传播》2015年第12期。

家实施"互联网+"战略以来，"互联网+"现代农业的局面被打开，农村电子商务得到了快速蓬勃发展，这些都有赖于新媒介在农村的广泛普及。2015 年 10 月，中国手机用户突破 13 亿户，移动互联网用户达 9.5 亿户（工信部，2015）。2014 年 12 月，中国农村手机网民达1.46 亿户，使用手机媒介"触网"的比例为 81.9%（CNNIC，2015）。形成了"手机媒介化生活"时代（Snickar & Vonderau，2012）①。新媒体作为一种创新科技正在被西北农村地区农民用户所接受，尝试在文化娱乐、信息获取、电子商务等领域应用。

智能手机和计算机作为农民接触互联网最常见的终端工具，在我国西北农村地区的普及率已经达到了可观水平，手机使用比例达93%，PC 计算机使用比例达 54%，移动互联网渗透率达 62%，桌面互联网渗透率达 50%。在职业农民或精英农民群体中这两个比例更高。智能手机已经成为典型的全媒体，具有廉价性、即时性、交互性、多样性、分众性、融合性、广泛性、精准性等一系列特征。这些特征正好迎合了农民用户的使用特征。新媒体作为全新的传播方式与技术手段，正在试图改变着农民的发展方式与思维方式，也改变着农村的生产生活状态。

在西北农村地区，农民接触最多的媒体是电视，除此之外，就是互联网和手机媒体，新媒体成为继电视之后农民获取信息的重要渠道。农民通过计算机与智能手机等终端连通了世界，通过微信、QQ、电子邮件、各类 APP 等直接或者间接地与外部世界进行交往实践，农民用户上网的主要目的是浏览新闻资讯、查找农业信息、观看视频节目、交友聊天等。手机媒介相比电脑而言，方便携带，在西北农村地区普及更为广泛，使用起来更方便，这些都将为未来传播农业信息提供传播环境。

三　农民受众群体的信息意识存在差异

信息意识支配信息行为，信息行为最终决定信息意识的结果。农

---

① P. Snickar, P. Vonderau, *Moving Data：The iPhone and the Future of Media*, New York：Columbia University Press, 2012.

民的信息意识是通过农民的偏好、外在表现和信息行为表现出来的。通过农业信息的重视程度、农业信息的关注程度、媒介信息的信任程度来表现农民的信息意识。信息的重视程度表明农民对各类农业信息重要性的判断，农民在对信息重视程度的基础上，有选择地关注相应的信息，因此信息关注程度表明农民在生产生活中对农业信息的关注情况，在关注的基础上，农民更注重内容的有用性和有效性即媒介信息的信任程度。衡量农民信息意识的三个结构化因素分别代表了农民在利用信息前对信息感知、接受和利用的三个阶段，反映了农民信息处理过程中的心理状态。

通过数据分析得出结论，西北地区农民在对农业信息的重视程度上，均表现出较高的认可水平，但在信息关注程度和媒介信息信任程度上，表现出差异，具体而言，陕西省和甘肃省农民对信息的关注程度最高，而青海省农民对获取的农业信息的信任度最高。男性农民相比女性农民来讲，在信息意识的三个维度方面均表现出了更高的水平。另外，务农经验丰富的农民有相对较高的信息重视程度和信息关注程度，但他们对媒介信息的信任程度较低。农民对于传统媒介和新媒介传播的信息重视程度和关注程度基本一致，但对内容的信任程度有显著差异，随着媒介环境变化，农民对于新媒介传播的信息信任度会逐渐提高。

四 现代农业所需要的农业科技信息与市场信息传播不足

科学技术是现代农业的第一生产力，是农业发展的核心助推器。农业现代化的关键在农业科技进步，而农业科技的真正意义在创新的扩散，在农村田间地头能够开花结果，让一线农民能够享用农业科技带来的真正成果，让老百姓能够增产增收。据统计，我国每年农业科技成果有 7000 多项，其中有 2500 项获省部级以上奖励，大规模扩散并应用的不到 20%[①]。农业科技信息和市场经济信息是现代农业生产

---

① 胡志丹、王奎武、柏鑫、谭洁：《社会技术对农业技术创新与扩散的影响分析》，《科技进步与对策》2011 年第 4 期。

中两种重要信息资源，目前这两类信息的传播存在着诸多问题。

在西北农村地区，农业科技的创新扩散主要有两个方面的渠道，一是传统的农业科技推广体系，二是由大众传播媒介为主的媒介传播渠道，还有零散的其他一些渠道，例如，农业合作社、"农业院校+农业基地"直推模式、农业科技专家大院等小规模传播渠道。传统的农业科技推广体系受计划经济体制影响，是由政府主导的农业科技扩散模式，正面临诸多问题，例如，农业科技推广组织瘫痪、人员不稳、需求与供给脱节（黄季焜等，2000）①、缺乏活力、影响科技成果转化（扈映等，2006）② 等；呈现"线断、网破、人散"的农业科技推广困境③。而电视农业科技传播也存在诸多问题，电视属于单向传播方式，农民无法很好地结合农业实践学习。另外，农业科技电视节目资源不足、使用性不强，这些都影响着最终的农业科技传播效果。

西北地区农民对农业市场信息的需求旺盛。农户的农业经营规模直接决定着市场信息对于农户的重要性。农业生产规模越大，市场信息对于农户越显得重要。当前的农业市场信息基本是由农业合作社等提供，农户对市场信息的获取渠道相对单一，具有明显的信息不对称特征，进而导致农户销售的农产品价格与市场均价相差较大。当前，农业信息传播体系对农业市场信息的传播数量不足，质量也不高。西北农村地区正通过土地流转等政策转向规模农业，转型后对农业市场信息的需求将更加旺盛。因此，农业信息传播体系要做好农业科技信息与市场信息的有效供给。

五　新旧媒体对农民认知、观念、行为等方面具有重要的影响

在信息科学技术和传播技术日新月异的今天，媒介的发展自然引起了个体层面、社会层面等多方面的变化，媒介的普及与使用形成了

---

① 黄季焜、胡瑞法、孙振玉：《让科学技术进入农村的千家万户——建立新的农业技术推广创新体系》，《农业经济问题》2000 年第 4 期。

② 扈映、董进才：《新型农业科技传播体系的试构建》，《科研管理》2006 年第 5 期。

③ 付少平：《农村技术传播与农村社会管理研究》，陕西人民出版社 2003 年版，第 37 页。

媒介文化，这种文化反过来继续引领人的发展和社会发展。不同的媒介形成不同的文化，不同的受众群体有各自的媒介喜好，进而导致不同的媒介接触，使不同的受众接受不同内容的影响。这种影响表现在认知、情感、态度、观念和行为等多个方面。在西北农村地区，普及最广泛的媒体是电视，广播、报纸等其他传统媒体日渐式微，而互联网和智能手机等新媒体正在迅速崛起，这些媒体对农民受众在观念、行为等方面产生了不同程度的影响。

农民对新旧媒体的认知及使用对其现代观念的影响表现出不同特征。媒介信息信任程度、传统媒介接触强度、新媒介接触强度均对现代观念具有正向影响，而信息重视程度对现代观念具有负向影响。本书将现代观念划分为：开放观念、教育期望、成功认知和时间观念。媒介信息信任程度、传统媒介接触强度、新媒介接触强度也均对开放观念具有正向影响，信息重视程度对开放观念具有负向影响。新媒介接触强度正向影响教育期望。信息重视程度负向影响成功认知。媒介信息重视程度负向影响时间观念，媒介信息信任程度、新媒介接触强度对时间观念具有正向影响作用。农民对新旧媒体的认知及使用对其公共事务参与行为的影响也表现出不同特征。新闻关注、传统媒介接触对农民公共事务参与行为具有显著的正向影响，新媒介接触对公共事务参与呈显著的负向影响。本书将农民公共参与界定为：政治参与、社会参与、文化参与。新闻关注对农民的政治参与、社会参与、文化参与都具有正向的影响作用，传统媒介的接触强度对农民的政治参与、社会参与和文化参与也都具有正向的影响作用。而新媒介接触强度对政治参与和社会参与具有负向作用，对文化参与没有显著影响。总之，传统媒介信息内容、新旧媒介在对农民现代观念与公共事务参与行为两个层面的影响是不同的。

第五节　本章小结

农民是农业信息最主要的需求者和利用者，疏通信息传播渠道对满足农民信息需求有着重要作用。因此，如何构建有效的农业信息传播体系是亟待解决的问题。研究西北地区农业信息传播体系的重构为我国农业信息传播体系的设计和实践提供了良好的基础和准备。本章对西北地区的陕西、甘肃、宁夏、青海四省（自治区）农业信息传播的总体状况进行描述。调查以西北四省（自治区）农民为调查对象，采取 PPS 即分层随机抽样的方法，历时近三个月，重点考察了西北四省（自治区）农村地区信息传播对农民的影响情况，最后，在此基础上梳理出农业信息传播的特征。

首先具体从性别、年龄、民族、文化程度、婚姻状况、家庭总收入、打工情况、务农年限、居住地到县城乘车时间、生活水平、从事行业等对被访对象社会人口基本特征进行描述统计，了解基本信息，通过对被访对象的问卷调查，初步了解了农民信息认知现状、农民媒介使用现状、农民接受培训的情况、农民的业余时间安排、解决农业生产当中的难题通常采用的措施和现状。各类农业信息传播活动不断影响着西北四省（自治区）农民对外部世界的认知与理解，并在一定程度上改变着农民的观念、认知和行为，从不同的维度来讨论信息传播对西北四省（自治区）农民观念层面的影响和对农民公共事务参与行为层面的影响，得出了：西北地区农民对农业信息重要程度的认识水平较高，但对其所感知的重要农业信息的关注程度不高；西北地区农民对传统农业信息传播媒介的信任程度高于对互联网与手机等新媒介的信任程度；传统媒体仍是西北地区农民获取重要农业信息的主渠道，手机、互联网等新媒介还不是重要农业信息传播的主渠道等重要结论，为农业信息传播的特征梳理提供科学的参考。

为了能够比较全面地反映西北地区的陕西、甘肃、宁夏、青海四省（自治区）农业信息传播的总体情况，基于上述考察，针对西北农村地区历史、地理、自然、经济社会发展速度等现实条件，总结了西北农村地区农业信息传播的特征，进一步发现：电视媒体依旧是农业信息传播的主要形式、新媒体在农业信息传播中的作用凸显、农民受众群体的信息意识存在差异、现代农业所需要的农业科技信息与市场信息传播不足、新旧媒体对农民观念和行为等方面具有重要的影响。

　　本章通过对西北四省（自治区）农业信息传播体系的总体状况进行概括，分析农业信息传播体系内部诸要素的联动性，概括出目前农业信息传播呈现的显著特征，为农业信息传播体系的重构提供重要的参考。

第五章

农业信息传播体系存在问题及成因分析

对于农业信息传播体系而言，最重要的功能是传播农业信息、满足农民的信息需求。由于农业信息传播体系存在诸多问题，导致农业信息传播体系服务"三农"的功能没有很好地发挥出来。本章结合第四章相关内容，梳理出了我国农业信息传播体系中存在的诸多问题，并对造成这些问题的深层次原因进行了分析。

第一节　农业信息传播体系中存在的问题

一　农民主体地位不突出

唯物史观认为，人是生产力中最活跃、最革命的因素。在历史地位上，农民是一定社会历史阶段的产物。为了改善农民的生存条件，更好地发展农业，马克思考察了许多国家的农业发展现状，对农民提出了具体意见。马克思认为，改良农民需要顺应农民的发展趋势[1]，让农民成为社会发展可以依靠的力量。马克思牢牢地把握住了自己所处时代的脉搏，着力讨论资产阶级与无产阶级的矛盾问题，并没有专门关注和研究农民问题。但马克思从实际出发、实事求是地研究农民问题的视角与方法，将农民放在社会历史文化背景中探讨，给农民问题的研究指明了方向。

所谓主体，是指有意识、有目的地从事认识活动和实践活动的，

---

[1]　戴建春：《马克思恩格斯的农民思想及其现实意义》，《南昌大学学报》（人文社会科学版）2012年第3期。

并具有社会性现实的人，主体的特征就是具有能动性。用户不仅是内容的使用者，更是内容的提供者①。用户参与传播就是要体现其能动性，尊重其主体性。在农业信息传播体系当中，尽管农民的主体地位逐渐凸显，但整体上农民的主体地位依旧不突出。"三农"问题的核心在于减轻农民负担和增加农民收入，确保农民在解决"三农"问题中的核心地位，必须采取强有力的措施来保障农民在农业现代化建设中的主体地位，树立农业发展要紧紧依靠农民的思想。牢固树立农业发展依靠农民、农业发展为了农民的思想，彻底改变对农民的传统观念。

在建设农业现代化的伟大实践中，农民是农业生产生活和解决"三农"问题的主体，也是农业信息传播活动的最大受益者，更是农业信息传播活动中的主要参与者。近年来，在中央和各级政府高度重视下，我国农业信息传播实践取得了积极进展，信息基础设施建设明显改善。但由于受传统观念影响，农民在农业信息传播体系中的主体地位还没有凸显出来。在农业信息传播实践中，作为传播过程中人的因素，农民理应具有主体地位，然而，农民被视为绝对的受众，只能被动地选择和接受农业信息，无权主动选择符合自身需要的信息资源。

农民在农业信息传播实践中，主体地位不突出的原因是多方面的。一是由于受城乡二元经济影响，农民一直处于弱势地位。农民的经济水平决定了其在其他方面的地位水平。政府和媒体的信息供给，更多的体现出了"以政府和媒体为中心"的传播倾向，农民仅是信息接受者。二是由于农民群体整体的文化素质相对较低，表现出来的特征就是缺乏独立的判断能力与创新思维，缺乏必要的自主性、主动性、开放性。因此，农民自身也无法通过利益表达获取在农业信息传播过程中合理的主体地位，造成了农民一直处于被动的依附性地位。三是由于长期以来农民主体地位的缺失，农民不能够独立地承担应该

---

① D. Beer and R. Burrows, "Sociology And, of and in Web2.0: Some Initial Considerations", *Sociological Research Online*, Vol. 12, No. 12, 2007, p. 17.

承担的责任和义务。正如马克思所言，农民具有小资产阶级和无产阶级的双重属性，不具备完整性和独立性。四是由于传统大众媒体的传播无法保障农民的主体地位，传统的电视、广播、报刊等大众媒体主要是单向的信息传播，不能很好地突出受众的主体地位。

二　农民的信息需求未能很好地得到满足

作为农业现代化和社会主义新农村建设的主体，我国农民有着多样化的信息需求和信息期待。农民信息需求和信息期待能否得到满足，直接关系到农业信息传播体系的服务水平和质量，并对我国农村经济社会发展产生一定影响。农业信息是农业信息传播体系内部传播系统中的要素之一，是传播者与受传者之间的黏合剂，是革新农民观念、改善农民行为、加快农村发展的重要资源，大致包括以下几类：农业政策类信息、农业科技类信息、农业市场类信息、农业气象类信息、新闻时政类信息、文化娱乐类信息和生态环境类信息。不同区域的农民受众有着不同的信息需求，不同层次的农民受众也有着不同的信息需求，农民受众对上述农业信息需求的顺序也不尽相同。从目前农村发展的实际来看，农业科技信息、市场销售信息、农业政策信息等是当前农村农民急需的农业信息。

农民的信息需求未得到满足，实质就是信息的供求关系不平衡问题。造成这一局面的原因是多方面的：一是信息的供给方出现问题，传播者以自我为中心进行信息传播，未能很好地把握农民信息需求的特征，导致传播的信息适用性不强、意义不大；二是传播媒介提供的农业信息种类不多，农民的需求越来越呈现多样性的特征，必须及时把握这一特征，适时传播农民生产生活中急需要的、新需要的信息，以满足农民的信息需求；三是提供的农业信息可用性不强，信息的可用性会直接影响农民使用信息的效果与积极性。传播者提供给农民有价值、使用性强的信息，还要注重信息的呈现方式，让农民易懂、易接受；四是农民的信息需求结构发生了变化，随着社会的发展和农民的变化，农民的需求结构也在产生微妙变化。因此，传播者要认真把握农民的信息需求特征，有效供给农业信息。

当前在大力推进农业现代化建设和全面建成小康社会的进程中，农民的信息需求总体上呈现了以下几个方面的特征：一是农民的信息需求随着农村经济社会的发展而快速变化；二是农民要求获取信息成本低，使用效果又快又好、直接产生经济效益的信息容易被广泛接受；三是农民的信息需求较多依赖于农村人际传播来实现，农民对农业技术等各类信息的采纳主要受到周围农民和各专业技术协会人员的影响；四是农民的信息需求缺乏有效的表达渠道与机制①，农业信息传播主体很难了解到农民真正的信息需求，缺乏中间环节，只有在准确了解农民信息需求特征的基础上才能够提供更加精准地农业信息传播服务。

有效的信息需求服务必须借助于信息传播者全面把握农民信息需求特征的基础上实现，农业信息传播体系的顶层设计和战略布局也是建立在对农民受众需求特征深入了解与研究的基础上。在我国农业信息传播体系转型之际，全面把握农民受众的结构性特征、信息需求特征以及农业现代化对农业信息的需求等，借助于新媒体的力量，才能够更好地重构农业信息传播体系，实现农村经济健康发展和持续繁荣，从根本上解决城乡之间的二元格局和"三农"问题，促进城乡统筹发展，促进农业信息化与农业现代化协调发展。

三　农民信息意识水平整体上不高，信息利用率低

信息意识是信息素养最基本、最主要的构成要素，决定着主体获取、利用信息的主观能动性，影响着信息使用的效果及水平。2010年，工业和信息化部、农业部、科技部、商务部、文化部五部门联合制定下发的《农业农村信息化行动计划（2010—2012 年）》文件中指出，实现农业信息化要加快培养新型农民，切实提高农民信息素养，要抓住信息网络所能够提供的低成本、多样化、广覆盖的信息传播、知识扩散机遇，以大力提高农民的信息意识水平②。农民信息素

---

① 黄友兰：《信息需求、服务提供与农民表达渠道》，《改革》2009 年第 2 期。

② 工业和信息化部：《农业农村信息化行动计划（2010—2012 年）》，http://www.doc88.com/p-709876474563.html，2010 年 4 月 1 日。

养，特别是信息意识水平的高低，已经成为影响农业信息化、农业现代化的关键性因素之一。

农民的信息意识支配其信息行为。社会心理学认为，意识支配行为，行为决定结果。具有强烈信息意识的农民能够更好地分析识别对自己有用的农业信息，为科学利用农业信息做出正确决策并付诸行动，且最终体现在农业生产生活中。农民的信息意识是农民通过人际传播、大众媒体等传播的农业科技信息、政策信息、市场信息等的获取、使用以及对这些信息的高度敏感性和信任度的心理状态。农民信息意识是一种心理状态，不同的研究者对其概念有不同的认识，但普遍都认为我国农民的信息意识特征具有较大的不平衡性，主要表现在地域间（发达地区和欠发达地区）、职业间（职业农民和非职业农民）、信息内容方面（市场信息与其他信息）的不平衡。

农民的信息意识是在不断地信息传播实践中提高的，因此提升农民的信息意识水平需要从以下几个方面展开：一是通过积极、主动、有效地解决农民的信息需求，提高农民的信息意识水平；二是通过培育农村职业农民或精英群体的信息意识水平带动信息意识弱势群体；三是构建科学的农业信息传播体系，营造有利于农民信息意识发展的现代传媒环境。互联网和移动互联网的应用与普及对于农民的信息意识水平提升，是挑战也是机遇，其信息的互动性、及时性、参与性等为农民的信息传播实践提供了前所未有的便利。

农民的信息意识是影响信息利用率最为直接的因素，但造成农民信息利用率不高的原因是多方面的，除了农民信息意识不强外，还有诸多原因：一是为农民受众提供的信息数量多，但信息质量不高，电视、互联网等媒体提供了海量的信息资源，但信息对于农民的有用性和可用性不强；二是围绕农民需求有针对性的农业信息不多，而这类信息恰恰是农民急需的；三是信息的呈现方式不能很好地适应农民的认知方式，导致农民对信息的理解不透彻，进而影响信息的利用率。

四　自下而上的传播渠道不畅

传播是人类社会的精神交往形式。传播的根本目的是主体间的信息交流，但不仅仅在于信息的传递，而是人与人、人与社会之间的一种互动、沟通和共享。因此在整个人类社会发展进程当中，人类不断改善自身的传播而获得更大进步，不断提高传播信息的能力、速度、准确性和便利性。传播概念本身有四个方面的理解：一是强调信息的共享；二是强调对受众施加某种影响；三是强调信息的交流与沟通；四是强调传播是社会关系的体现。因此，农业信息传播的过程实质上是对农民受众共享信息；对农民受众在某方面施加影响；特别是要在传播过程当中让农民受众参与到传播过程当中；突出农民受众在农业信息传播中的主体地位。

当前我国农业信息传播体系正处在变革之中，由于现代信息通信技术的出现以及在广大农村地区的广泛应用，正在由传统的大众媒体传播向新媒体与电视等传统媒体并重的农业信息传播体系转变。在这一变革时期，农业信息传播过程中自下而上的传播渠道严重不畅，造成这一局面的原因是多方面的：一是农村当中使用最广泛的电视传播系统具有单向传播、被动服务的特征，基本不具备自下而上的传播渠道；二是新媒体技术虽然在农民当中具有一定的普及性，但农民的应用能力有限，互联网、移动互联网等新媒体的作用还没有完全发挥出来；三是农业信息传播过程中以农业技术推广为主的组织传播，由于"线断、网破、人散"的状况进一步加剧，自下而上的传播渠道不畅；四是"农民受众本位"的理念还未建立起来，受传统思想和早期传播学理论的影响严重，农民受众在农业信息传播中没有决定权，只能被动地选择信息。

大众传播渠道是农业信息传播的主渠道，这些渠道本身缺乏自下而上的传播机制，在农业信息传播体系当中，农民受众的话语得不到有效传播，自下而上的渠道与传播机制还未很好地建立起来。电视、广播等大众媒体是典型的单线传播思维。电视与广播传播的内容稍纵即逝，没办法将内容再现出来，传播效果欠佳。农民受众无法选择广播、电视媒体的内容，只能按传播者设计好的内容参与传播过程，没有反馈渠道。

传播者、受众、传播渠道天然地密切联系在一起。自上而下的信息通过纵向的政府传播系统、大众媒体传播渠道进行。而诸如农业科技与市场销售等重要信息的传播，存在着诸多问题。完善的农业信息传播体系既能够保证自上而下的信息传播，又能保证自下而上的信息传播活动有序进行，使农民受众成为真正的传播主体，在农业信息传播体系中自由地获取他们所需要的生产生活信息，满足"三农"对信息的需求。

五　外部保障系统缺失

传播政策、传播法规、传播体制、传播机制等要素构成的外部保障系统是确保农业信息传播体系正常运行的基本保障，由于农业信息传播体系本身结构的复杂性和层级性，涉及诸多主体、诸多要素的参与。建立良好的信息传播保障系统是农业信息传播体系运行的基础，外部保障系统涉及社会政治制度、经济制度、农业宏观政策等外部环境。外部保障系统是建立在一定的社会政治、经济制度基础上的，它的性质、特征、功能都取决于社会的根本制度，并最终为其服务。

改革开放以来，我国十分注重农业信息传播保障系统建设，出台的一系列相关政策中有所涉及，专门的法律却鲜见。自2004年以来，中共中央连续13次以"一号文件"关注"三农"问题，其中涉及农业信息传播的内容较多，主要是围绕农业信息化服务、公共服务体系、农业科技传播等。2016年"一号文件"就农业科技与农业现代化建设为主题，为引导和规范农业科技对当前农业的支持工作。随着经济社会的全面发展，农村进行了一系列改革，制定了不同层面的许多政策，涉及农业科技方面的居多，专门针对农业信息传播的政策和文件还相对较少，但在国家颁布的其他涉农文件当中有所阐述。1993年，我国开始实施《中华人民共和国农业技术推广法》，标志着我国农业科技与信息传播工作走上了法治化轨道，农业信息传播工作进入了一个崭新的阶段。由此可见，我国对农业信息传播保障系统的建设也是由弱到强、从无到有建设的过程，为农业信息传播提供了强大的政策支持和运行保障。

农业传播政策是国家或政党为实现农业信息传播而制定的一系列

行动准则。作为国家农业政策的重要组成部分，在传媒相对发达的今天具有至关重要的作用和意义。在推动农业信息传播过程中，针对农业信息传播的不同侧面，需在同一框架下制定不同的政策手段。传播法规是规范传播活动的又一重要保障，党的十八届四中全会把法治作为治国理政的基本方式，为农业信息传播走上法治化轨道提供了一个良好的契机。农业传播政策和相关法律法规是规范和引导农业信息传播活动的行动指南，是农业信息传播体系运行的重要保障。

农业传播体制是农业信息传播体系中内部传播系统赖以运行的重要组织制度基础。农业信息传播涉及诸多信息传播主体，传播主体间必须建立合适的体制机制来确保众多传播主体各司其职、分工明确、通力合作完成任务。而农业信息传播机制是指农业信息传播系统内部要素间的相互作用方式及其与外部系统的相互影响。稳定的、开放的、反应迅速的传播机制能够保障农业信息的有效传播。传播机制是农业信息传播体系运行过程的"范畴"，必须与内部传播系统内四个传播要素结合起来探讨。

农业信息传播体系外部保障系统包括传播政策、传播法规、传播体制、传播机制四个要素。依据我国目前农业信息传播的运行来看，四个要素均有欠缺，特别是法规方面，与农业信息传播直接相关的法规仅有一部《农业技术推广法》。外部保障系统如同农业信息传播系统的指挥系统，如果没有良好的政策、法规等保障条件和约束环境，农业信息传播内部系统的要素无法科学合理运行。未来在农业现代化与农业信息化建设的双重背景下，农业信息传播的外部保障系统需要重新完善与规划设计。

第二节　农业信息传播体系成因分析

我国农业信息传播体系由早期的几乎空白到目前初具规模的发展进程中，取得了巨大成绩，为农业现代化建设和农民发展作出了应有贡献。但无论从历史视角或是现实视角审视都存在着一定的问题，农民主体地位虽有提高，但主体地位依旧不突出；农民信息需求未能得到满足，信息意识不强，信息利用率低；自下而上的信息传播渠道不畅；外部保障系统缺失等。造成这些问题的深层次原因固然有很多，有城乡、区域经济发展不平衡方面的原因，也有体制机制等保障环境不健全方面的原因；有传播主体主观方面的原因，也有传播环境客观方面的原因。具体从以下几个方面分析。

1. 城乡二元结构是导致农业信息传播诸多问题的根本原因

农业信息传播实践活动是处在特定的经济社会发展背景中，要分析农业信息传播体系存在的问题，必然要考虑当前农业信息传播体系所处的时代背景，包括政治、经济、文化、法律等宏观环境，既要了解宏观的社会转型背景，又要洞悉新常态后的经济社会发展状况。农业信息传播体系存在问题的产生、演进乃至逐步解决，都是不可选择地嵌入在社会发展背景之中。因此，要分析造成农业信息传播体系存在问题的原因，就要将农业信息传播体系问题置于经济社会转型、城乡二元结构、"三农"问题、城乡区域发展不平衡的视域中来加以分析和研判。

我国农业信息传播体系存在的问题集中反映了一个客观事实，即我国农业信息传播体系建设受城乡二元结构与"三农"问题影响，农业信息传播体系问题在本质上是城乡发展不均衡、二元结构导致的，统筹城乡一体化发展是解决上述存在问题的必由之路。城乡二元结构是中国在改革开放与现代化建设进程中特有的制度设计，也是造成中国"三农"问题和农业信息传播体系问题的深层次原因。刘继忠（2007）认为城乡之间信息鸿沟的根源在于城乡二元结构①。城乡二元结构以户籍制度为表现，实质上形成了城市与农村两个相对隔离的发展区域，信息、媒介等资源在区域内分配极不均衡。在这种背景下，形成了"三农"问题以及在此基础上造成的农业信息传播体系存在的诸多问题。

---

① 刘继忠:《"三农"问题成因及对策的传播学分析》,《中国农业大学学报》(社会科学版) 2007 年第 3 期。

　　城乡二元结构造成了农业信息传播领域的诸多问题，主要表现在农村传播结构失调。城市和农村处在不同的媒介与信息资源环境场域中，农业技术推广中出现"线断、网破、人散"的局面，农村报纸与农村广播式微，而农村电视受众规模则急剧扩大，但对农电视传播问题重重，有关农业的专业化电视频道极少，娱乐化倾向严重，电视传播者极少研究受众以及受众需求，提供的相关节目信息不能很好地指导或服务农业生产生活。大众传媒未能发挥其应有功能，农民未能很好地参与传播过程，导致农民集体失语。

　　2. 传播主体观念落后是导致农业信息传播问题的关键原因

　　农业信息传播体系的传播主体主要包括政府部门、大众传媒机构、农业技术推广机构、农民受众等。在大众传播发展初期，以传播者为中心的理念在传播学研究与实践领域影响甚广。在我国农业信息传播领域，特别是政府和大众媒体以传播者为中心的理念影响较深。在农业信息传播实践中，传播者单方面向受众传播农民需要的信息，认为农民受众是弱势群体，而农民受众在被动的媒介环境中接受传播者赋予媒介承载的情绪、思想、知识等信息。这种理念导致传播者居于传播系统的核心与控制地位，受众处于传播系统的边缘与从属地位。

　　以传播者为中心的理念导致了农业信息传播体系建设中一系列问题与弊端，具体表现在制度设计、受众了解、内容选择、媒介呈现等方面。制度设计统领着整个农业信息传播体系建设与运行，毫无疑问政府是制度设计的主体，特别是在政策、法规、体制、机制等外部保障系统建设方面，政府以传播者为中心来设计诸多制度，缺乏对农民和农民需求的有效研究，农民主体地位难以保证。在农业信息传播过程中，如何进行内容选择与媒介呈现，首要问题就是要研究受众和受众需求，媒介呈现、内容选择与受众了解是高度关联的三个问题。传播者不能凭自己的意志和农民无法接受的媒介呈现方式传播信息，更不能把农民不需要的信息强行传播给农民。不同种类的受众需要不同类型的信息，且受众的需求也存在多样性，不同类型的信息和不同种类的受众需要不同的媒介形式与传播渠道来完成。另外，农民也是农业信息传播体系的主体，农民对自身在农业信息传播体系当中的地位和作用认识不足，长期以来缺乏独立的判断能力与创新思维，缺乏必要的自主性、主动性、开放性。

3. 农村信息传播环境建设不完善是导致农业信息传播问题的重要原因

农村信息传播环境建设是农业信息化与农业现代化建设的重中之重，也是农业信息传播体系发挥效能的基础。农业信息传播环境建设主要包括硬件建设、信息资源建设、制度建设等。我国农业信息传播环境建设虽已取得了较大成绩，但离农业信息传播体系要求的媒介环境、信息资源建设还相差较远。一方面农业信息基础设施、制度不完善，农民使用媒介不便，且使用媒介成本偏高；另一方面农业信息资源建设跟不上形势需要，农业信息资源的开发欠缺，特别是对于农民急需的农业科技信息与农业市场信息资源，整体上数量不足、质量不高。近年来，随着广播电视"村村通"工程、"宽带中国"战略、通信"村村通"工程的实施，农村信息基础设施有所改善。据中国农村信息化发展报告（2014—2015）显示，农村互联网接入率约80%，但没有入户，没有到田间地头，宽带使用费用高，宽带接入困难，这些成了农业信息传播的最大障碍或瓶颈①。农业信息资源缺乏完整性，农业生产应用广泛，涉及信息资源较多。农业信息基础设施与信息资源建设不足是农业信息传播存在问题的重要根源。

在西北地区农村，电视是每个家庭基本的传播工具，也是农民受众最喜爱接触的媒介，同样是农民最重要的信息来源渠道之一，在农业信息传播活动中发挥了重要的作用。电视是视听合一的大众传播媒介，具有自己的传播特征，如直观性、形象性、通俗易懂等，但电视媒介稍纵即逝、缺乏受众的参与和交互，使得受众不能更好地参与传播过程当中，信息由传播者发出通过电视媒介流向受众，而缺乏受众流向传播者信息的通路，这也是以电视为代表的传统大众媒介共有的特性，由于媒介本身的局限性造成了自下而上的传播渠道不畅。

---

① 李道亮：《中国农村信息化发展报告》，电子工业出版社2016年版，第8页。

　　农业信息传播体系的制度建设既包括宏观层面的顶层制度设计，也包括保障农业信息传播体系运行的政策、法规、体制、机制等要素设计。从目前农业信息传播体系来看，政策、法规、体制、机制建设等方面均有欠缺。外部保障系统如同农业信息传播系统的中央控制系统，如果没有良好的政策、法规等保障条件和约束环境，农业信息传播的运行就会存在偏差与失灵。未来在农业现代化与农业信息化建设的双重背景下，农业信息传播的外部保障系统需要重新完善与规划设计。

　　理论是实践的先导，思想是行动的指南。制度建设一方面要运用理论来支撑，另一方面要重点关注发展变化着的实践状态。理论探讨不足和制度建设不健全导致农业信息传播体系的顶层设计存在缺陷，缺乏理论探讨与先进理念的具体实践，必然会存在各种问题。制度设计层面的不成熟，执行过程中的诸多要素配合上就会出现种种问题。国内外关于农业信息传播体系的研究不足，特别是结合中国农村传媒环境变革的农业信息传播体系研究甚少，亟须加强这方面的研究。在互联网、移动互联网等新媒介广泛使用的背景下，更需要加强理论的先导性研究，建立正确的理念，促进农业信息传播体系问题的解决。

第三节　本章小结

　　农业信息传播对于农业的发展走向具有重要意义，促进农民与时俱进，使农业向科学化、技术化、信息化发展。农业信息传播体系的建设是一项长远而艰巨的系统工程，尽管取得一定的成效，但与发达国家比较，我国的农业信息传播相对落后，本章结合前几章的相关内容，梳理出了我国农业信息传播体系中存在的诸多问题，寻找造成这些问题的深层次原因，为后续解决问题奠定了基础。

　　本章在西北四省（自治区）农业信息传播现状、农业信息传播的特征的基础上，从农业信息传播的内部传播系统和外部保障系统、历史视角和现实视角多维度来归纳出目前农业信息传播体系的发展困境。发现依旧存在以下问题：农民在农业信息传播实践中，主体地位虽有提高，但不突出；农民的信息需求和信息期待未能得到满足，农民信息意识水平整体上不高，信息利用率低；自下而上的传播渠道不畅；传播政策、传播法规、传播体制、传播机制等要素构成的外部保障系统和约束环境缺失，特别是法规方面尚需健全等问题。造成这些问题的深层次原因固然有很多，结合相关研究和调查结果，具体从以下几个方面展开分析：城乡、区域经济发展方面、体制机制等保障环境方面、传播主体主观方面以及传播环境客观方面。

研究农业信息传播体系存在的问题及制约因素，必须将其嵌入更大的经济社会发展环境之中，从经济社会转型、城乡二元结构、"三农"问题、区域发展不平衡等视域中加以分析和研判，得出了城乡二元结构是导致农业信息传播诸多问题根本原因的重要结论。通过前期研究发现，在大众传播发展初期，以传播者为中心的理念在传播学研究与实践领域影响甚广，特别是政府和大众媒体以传播者为中心的理念影响较深。由于这一因素的影响，导致了农业信息传播体系建设中出现一系列问题与弊端，突出表现在制度设计、受众了解、内容选择、媒介呈现等方面，传播主体观念落后是导致农业信息传播问题的另一原因。此外，农村信息传播环境建设既是农业信息化与农业现代化建设的重中之重，也是农业信息传播体系有效发挥功能的基础。但目前的农业信息基础设施和各类制度不完善，农民使用媒介不便，且使用媒介成本偏高，农业信息资源建设无法满足"三农"发展需要，农业信息资源的开发欠缺，特别是对于农民急需的农业科技信息与农业市场信息资源，整体上数量不足、质量不高，离满足发展要求的媒介环境、信息资源建设还相差甚远。

通过对现存问题的有效梳理，针对影响农业信息传播的制约因素进行探讨，是探究其解决措施的良好开端，从而使农业信息传播更贴近农民需求，做好便民服务。

第六章

西北地区农业信息传播体系重构策略

党的十八届五中全会提出五大发展理念即创新发展、协调发展、绿色发展、开放发展、共享发展，五大发展理念是我国经济进入新常态后提出的"十三五"发展总要求，也是我国未来五年发展的行动指南。创新解决的是发展的动力问题，协调解决的是发展的平衡问题，绿色解决的是人与自然的关系问题，开放解决的是内外联动问题，共享解决的是社会公平正义问题，五大发展理念的提出是对中国国情的全面准确把握，在过去发展不足的基础上提出来的社会发展理论体系，对农业信息传播体系具有明确的指导作用。农业信息传播体系的重构需要搞清农业信息传播体系的理论模型与基本规律，汲取国内外农业信息传播体系建设的经验，正确分析西北地区农业信息传播的现状与特征，准确把握农业信息传播体系存在的问题及成因，在这些研究的基础上，最后提出与西北地区经济社会发展水平相适应的农业信息传播体系重构思路与策略。

第一节　西北地区农业信息传播体系
重构的基本思路

农业信息传播体系不单单是一组概念的罗列，也不仅仅是要素与结构的集合，而是一项漫长的在农业信息传播实践基础上进行的系统化工程。既要注重宏观政治、经济、文化制度和技术环境变革，也要洞悉体系内的传播主体、传播媒介、信息资源等诸多要素的基本特征与发展趋势，保持与经济社会发展同步，以适应西北地区农业现代化建设和促进农民全面发展的总体要求。

农业信息传播体系是由政府、媒体、社会组织、企业和个体等构成的复合主体围绕农业、农村、农民的信息需求，通过传统传播渠道与现代传媒技术向受传者传播农业信息的内部传播系统和由政策、法规、体制、机制等外部保障系统组成的互相联系、互相制约的有机整体。农业信息传播体系是由内部传播系统和外部保障系统组成，内部传播系统是由传播者、受众、信息、媒介与渠道组成，要素间相互依存、相互制约、协同发展；外部保障系统则由政策、法规、体制、机制组成，外部保障系统起着约束与调控内部传播系统的作用。农业信息传播体系是一个多层级的复杂系统，不是几个要素的简单集合，而是一项服务于"三农"实践的系统化工程。

农业信息传播体系的重构是在马克思等人的发展理论和社会发展理论、传播学理论、图论思想、基因重组理论等诸多学科理论指导下，认真分析农业信息传播体系的建设历史，总结国内农业信息传播建设进程中的经验与趋势，借鉴发达国家农业信息传播体系建设的先进经验，考察西北地区农业信息传播体系的现状与特征，并准确把握农业信息传播体系存在的问题及深层次原因。通过上述问题的研究，需要搞清现有农业信息传播体系的基本运行状态与基本特征，结合经济社会发展与媒介技术环境变革，提出未来和今后一个阶段农业信息传播体系重构策略与思路。具体如图6-1。

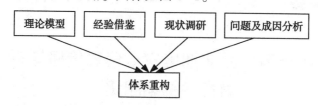

图6-1　西北地区农业信息传播体系重构思路

当前农业信息传播体系的重构必须坚持以农民为中心，让农民成为真正的传播主体。一方面以满足农民的信息需求为基本出发点与最终归宿，有利于提高农民的思想道德素质、农业技术水平、生存技能和科学文化素养，全心全意为农民服务；另一方面通过体制机制创新，依靠新媒介技术为农民提供信息传播的平台与发声渠道，增强农民的话语权，使农民成为与传播者平等的传播主体。坚持以农民为中心是马克思等人的发展理论的重要体现。另外，基因重组理论为农业信息传播体系的重构提供了重要的理论依据。在重构过程中，首先要通过对历史与现状的考察，重点了解农业信息传播体系内原有基因要素的基本特征与层次水平，重构是在原有体系内通过淘汰旧的与不合时宜的内容的基础上，新增各类基因要素以适应新的目标要求。这种新的基因要素就是新媒介技术、新政策、新工作方案、新法规和新体制机制等。新基因要素融入体系后，要有一个与原有内容相互适应的过程，达到相对稳定的状态后，能更好地服务于农业信息传播活动。

农业信息传播体系的建设进程是农业信息传播体系重构的一面镜子。通过对农业信息传播体系建设进程的梳理，既明确了历史的发展脉络，又明确了历史发展中值得保留的内容和需要放弃的内容。农业信息传播体系建设的历史是从无到有、从不完善到逐步完善的过程，以历史的视角认真分析农业信息传播体系中变与不变的东西，总结以往的宝贵经验与不足，追寻农业信息传播体系发展的历史规律。为重构新的农业信息传播体系提供历史依据。与此同时，发达国家农业信息传播体系建设的基本经验为我们重构新体系提供了经验上的借鉴。

农业信息传播体系的重构是在当前农业信息传播体系基础上演变而来的。因此，本书通过问卷调查与文献梳理，对西北地区的陕西、甘肃、宁夏、青海四省（自治区）的农业信息传播总体状况进行了考察。一是西北四省（自治区）农村地区农业信息传播体系内部诸要素的现状，包括农民的基本人口特征、农民对农业信息的认知、农民媒介使用现状以及农民其他现状等；二是农业信息传播对农民的影响情况，包括对农民现代观念、公共事务参与行为两方面的影响。西北四省（自治区）农村信息传播的现状调查与特征分析为农业信息传播体系重构提供了现实依据。

在历史考察与现状调研的基础之上，对我国及西北地区农业信息传播体系中存在的突出问题进行了梳理，并对造成这些问题的深层次客观条件与主观原因进行了深入分析。只有对当前我国及西北地区农业信息传播体系中存在的问题了解清楚，才能够更加准确地认清导致这些问题的客观原因与主观原因，才能在农业信息传播体系重构的过程中针对具体问题提出针对性强的创造性措施。这也是重构西北地区农业信息传播体系的重要依据。

农业信息传播体系重构目的是：形成中央政府统筹规划，利用传统传播渠道和现代传播技术，重构中央、省、市、县、镇五级联动的以政府引导为主、坚持以农民为中心、社会广泛参与、农民获益的社会信息运行系统。通过资金、人才、技术、信息、资源等多要素协同发展，按照信息传播和市场运作的一般规律，推动技术先进、覆盖面广、传播快捷、内容系统的现代农业信息传播体系的完善和发展，进而带动农民增收、农业增产、农村发展，实现农业信息化带动农业现代化，最终服务于农民发展。

第二节　西北地区农业信息传播体系重构的目标原则

未来几年是我国农业现代化和农业信息化深度融合的关键时期，也必将是农业信息传播服务于"三农"最好的时期。农业信息传播体系是农村转型和实施现代农业的助推器，理应承担起农业现代化建设和农民全面发展的历史责任。要完成这一使命，必须认清国内外农业信息化的现状与问题，明确农业信息传播体系的总体目标，并确立农业信息传播体系重构应当遵循的基本原则，从而为西北地区农业信息传播体系的重构提供正确的方向与指导。

一　农业信息传播体系重构的总体目标

农业信息传播体系重构的总体目标是服务于农民全面发展和农业现代化建设。西北地区农业信息传播体系改革的目标，在本质上就是要实现农业信息传播服务于"三农"，解决农村各类信息短缺问题。通过创新观念与思路，引入新的媒介技术，优化农业信息传播体系结构与体制机制，重构与西北地区政治、经济、社会、文化、区域发展相适应的农业信息传播体系。

现阶段西北地区农业信息传播体系重构的具体目标是：通过资金、人才、技术、信息、资源等多要素协同发展，按照信息传播和市场运作的一般规律，建立以农民为中心、政府主导与市场化并存、传统媒介渠道与新媒介技术融合、信息双向流动、传播模式与手段多样的全方位、多层级、立体化农业信息传播体系，农业信息传播体系具有技术先进、覆盖面广、传播快捷、内容系统等特征。

在当前中国，西北地区农村是落后地区，农业是弱质产业，农民是弱势群体。农民是发展现代农业与建设农业现代化的主体，农业信息是发展现代农业的基础性重要资源，如何将农民和农业信息快捷方便连接起来是一个重要的理论与实践问题。构建有效的农业信息传播体系既是西北地区经济社会发展的基础，也是我国信息传播事业服务"三农"的重要机遇。

二　农业信息传播体系重构应遵循的基本原则

农业信息传播体系的重构要以实现其总体目标和"新四化"同步发展目标为主要任务，充分发挥农业信息的优势，促进农民增收、农业增产、农村发展，为"三农"提供农业信息服务。农业信息传播体系重构应遵循的基本原则如下：

（一）系统性原则

农业信息传播体系包括内部传播系统和外部保障系统，而内部传播系统包括传播者系统、受众系统、农业信息、传播媒介与渠道，外部保障系统包括政策、法规、体制、机制。两大系统八个要素（或子系统）有序构成了一个有机整体。因此，在重构农业信息传播体系过程中，首要坚持的就是系统性原则，特别是在外部保障系统建设不足的状态下，更需要统筹兼顾、全面建设。

（二）适用性原则

在体系重构过程中，要始终坚持以农民为中心，以满足农民的信息需求为目标，充分考虑农业信息对于农民的适用性和易用性，提供对农民有价值与意义的农业实用信息，调动农民使用农业信息的兴趣与积极性，改善信息供给方法，提高农业信息的适用性，让农民能够

"找得到""用得好"，在提高信息利用效率的同时，把农业信息的价值最大化。

（三）市场化原则

农业信息传播体系主要服务于"三农"，农业信息传播体系若要充分发挥其有效的服务功能，必须在政府主导的基础上，坚持市场化原则，采取政府主导与市场化并存的发展策略，以确保实现政府引导的公益性传播体制与市场化传播体制有机结合，积极引导和鼓励社会力量参与农业信息传播，促进"三农"信息传播。这不仅是我国市场经济发展的实际需要，也是基于农业信息传播的一般性规律。

（四）差异性原则

农业信息传播体系的差异性是由"三农"需求的多样性和复杂性所决定的。"三农"信息需求的多样性不仅表现在不同经济社会发展水平的区域差异上，在同一区域的不同农民之间也具有较大差异。因此，农业信息传播体系的重构应该因时因地进行，实行差异化农业信息传播，服务于不同地区、不同发展水平的农民群体，为农业和农村经济社会发展提供良好、适宜的信息环境。

（五）协调性原则

农业信息传播体系的重构不仅是信息传播领域的改革，而且涉及农村的政治、经济与社会发展等各个方面，是一项复杂的系统工程。因此，在重构农业信息传播体系的过程中，必须坚持全面协调发展原则，处理好农业信息传播体系中内部传播系统诸要素与外部保障系统诸要素的同步建设问题，淘汰不合时宜的内容，新增发展需要的和欠缺的内容。农业信息传播体系是一个开放的动态运行过程，存在于更大的社会运行环境之中，处理好农业信息传播体系与所处区域的政治、经济、文化之间的关系，协调一致发展。

第三节　西北地区农业信息传播体系的
内部传播系统优化策略

生物学基因重组理论告诉我们，农业信息传播体系的重构是在原有农业信息传播体系的基础上发展演变而来的。因此，内部传播系统的重构主要以系统优化为主，在原有系统内各要素基础上，淘汰落后的、不合时宜的、阻碍系统发展的基因要素，引入先进的、推动系统发展的基因要素，从而实现农业信息传播体系中内部传播系统的优化。

一　农民受众是农业信息传播的主体和服务对象

农民是当前我国发展现代农业和建设农业现代化的主体，也是农业信息传播实践的主体。农业信息传播体系的最终服务对象是农民群体，让农民得到全面发展是农业信息传播体系建设的终极目标。要更好的服务农民，就要深入分析和准确把握农民与农民信息需求的特点，了解民情、把握民意、顺应民心，充分调动农民的积极性和主动性参与农业信息传播活动。让农业信息传播实践活动惠及广大农民，通过实实在在的问题解决让农民真正体会到发展的成果，通过经济发展问题的解决来消除数字鸿沟问题，通过信息化的手段解决农业现代化的发展问题。

西北地区由于经济、教育、文化水平的差异，农民的发展水平也参差不齐。根据第五章农业信息传播体系当中存在的具体问题，结合西北地区农民的现实状况，紧紧围绕农民受众，需要注意以下几点策略。第一，坚持以受众为中心的策略。坚持以受众为中心，就是要尊重农民在农业信息传播中的主体地位；积极发挥农民的能动性，让农民平等地参与传播过程；农民的全面发展是农业信息传播体系的最终服务目标。第二，坚持以点带面的策略，就是要承认农民群体的差异性，培养职业农民或精英农民成为农业信息传播的意见领袖，发挥职业农民或精英农民在农业信息传播中带动、示范、传播效应。借助于农村强大的人际传播渠道与网络，通过职业农民或精英农民这个点的传播，带动农村社区与农民群体的大规模传播。第三，让精英农民成为乡土文化的传承人与对外传播者。西北地区农村的乡土文化是中国传统文化的重要组成部分，不仅需要将这些文化中优秀的部分对外传播出去，还需要将这些优秀的乡土文化传承下去。第四，坚持满足农民受众信息需求的策略，当前农业信息传播的核心问题是农业信息严重不对称，农民需要的信息获取难度大、渠道不畅。农民信息需求呈现出多样化特征，但主要信息集中于农业新技术、新品种等农业科技信息与农产品价格等农业市场信息以及文化娱乐等信息。符合农民认知习惯、满足农民信息需求、坚持为农民所用是农业信息传播体系建设的基本出发点和最终归宿。

西北地区农民在农业信息传播实践中，需要提高自身的信息意识、信息素养与信息获取能力，并积极参与农村信息传播实践活动，拥抱新技术，成为农业信息化应用领域的佼佼者。另外，从当地的龙头企业、种养殖大户、农业经营大户中选拔一批理念先进、有经营思路、具有较强信息意识和较高信息获取能力的人员作为农村信息员，让他们成为为一般农民提供信息服务的骨干力量，及时做到上情下达、下情上传，带动广大农民积极参与信息化实践。

西北地区"三农"信息化发展，是一项长期而艰巨的任务，与农业信息传播体系中其他要素不能分隔开来，还要放在更为宏观的背景中去谋划，远近兼顾，既要看到眼前的利益——通过农业信息化活动来致富，让农民尝到甜头、得到实惠，又要奠定长远的、可持续的发展基础，调动农民自身参与农业信息传播活动的积极性。期待在不远的将来，农民能够成为农业信息传播体系的建构主体，并逐渐成为农业信息传播体系自我完善发展演变的建构主体。

二　建立"一主多元"传播者系统

农业信息传播体系涉及的传播主体较为复杂。广义的传播者系统包括参与信息管理、生产、采集、传播的个体和组织，不同的内容和渠道有不同的传播者参与。农业信息传播者系统包括政府相关部门、大众传媒机构、农业科研机构及农业院校、农业技术推广机构、农村合作组织及农业专业技术协会、涉农企业、职业农民等。

农业信息传播体系的传播结构正在由单向度纵向信息链结构演变为分布式互动信息链结构。同时，农业信息传播体系的建构主体也由政府主导演变为政府主导与社会力量参与结合的新阶段。在传播结构演变的过程中，各级政府是农业信息传播体系的主导力量，理应在顶层设计、基础设施完善、传播主体协调、体制机制创新等诸多环节中承担着重要任务，协调其他传播主体共同完成传播任务。政府要提高认识，认清农业信息传播体系建设的重要性、艰巨性和复杂性，在农业信息传播中扮演好顶层设计、统领全局、统筹协调的角色，主要承担以下任务：加大资金投入力度；建设信息基础设施；积极引导社会力量参与并创新农业信息服务模式；制定政策法规等。

大众媒体是农业信息传播的重要推动力量，而农业科研机构及农业院校、农业技术推广机构、农村合作组织及农业专业技术协会、涉农企业等都是农业信息传播的重要补充力量。在众多主体参与的情况下，必须建立政府主导、其他传播主体共同参与的传播者系统，政府通过制定政策、法规等来规范和约束传播主体的行为。

传播者作为农业信息传播体系中的传播主体，特别是在建立以农民受众为中心、满足农民受众信息需求、农业信息的选择加工、媒介呈现等诸多环节中起着重要作用。不同层次、不同级别的传播者在农业信息传播过程中的作用和地位不尽相同。因此，不同的传播者要树立正确的传播理念，结合自己的优势，选择合适的媒介与信息，积极建立信息的反馈机制，分工明确地为农业信息传播体系做出贡献。

"一主多元"的传播者系统要在协调好政府相关部门、大众传媒机构、农业科研机构及农业院校、农业技术推广机构、农村合作组织及农业专业技术协会、涉农企业的基础上，重点鼓励职业农民或精英农民群体在农业信息传播中充当重要角色。2012年以来，我国政府大力推进职业农民培育，崇尚科技是职业农民最显著的特征，他们具有引领、示范、带动和传播效应。职业农民对农业科技信息、市场销售信息等敏感性强的信息接受速度快，他们的使用能够有效带动周围农民。因此，职业农民或精英农民群体是未来农业信息传播的骨干力量之一。

三　建立传统媒体与新媒体融合的媒介生态系统

媒介技术是农业信息传播体系发展演变的核心推动力量之一，是农业信息传播活动赖以运行的工具手段或方式方法。传统媒介特别是电视，在西北地区农业信息传播体系当中充当着重要角色，电视媒体有其独特的优势，随着互联网新媒介技术的发展与在西北农村地区的普及，传统媒介与新媒介的融合给农业信息传播体系带来了新的发展机遇。当前，以互联网和移动互联网为代表的新媒介技术在西北地区农村快速扩散，与传统媒介共同形成了新的传媒环境。

传统媒介很大程度上促进了农业发展，提高了农民整体素质，但随着社会的进一步发展和农民进一步需求，传统媒介存在着诸多弊端，已经不能很好地适应新形势下农村和农民的发展要求。2014 年 8 月 18 日，中央全面深化改革领导小组审议通过了《关于推动传统媒体和新兴媒体融合发展的指导意见》。坚持新兴媒体与传统媒体优势互补，强化互联网规律，推动传统媒体与新兴媒体在内容、渠道、平台、经营、管理等方面的深度融合①。报刊、广播、电视等传统媒介与互联网等新兴媒介深度融合，发挥各自优势，能够有效提高农业信息传播的效果。随着互联网、移动互联网的广泛普及和深入应用，智能手机终端为农业信息的传播带来了前所未有的机遇，新媒介与传统媒介融合形成了完善的媒介生态系统，媒介生态是在特定时空条件下，人、媒介、社会、自然共同构成的动态平衡整体②。当前新媒介在西北地区农村正在普及，将传统媒体与新媒体融合成为农业现代化进程中的农业传播媒介生态系统，服务于西北地区农业信息传播实践。

"互联网+"国家战略的实施为农业信息传播体系中媒介转型提供了重要机遇。国家正在积极推动工业化、信息化、城镇化与农业现代化同步发展，在这样一种背景下，农业信息化成为农业现代化建设的重要内容与战略支撑。"互联网+农业"是农业信息传播的全新模式，是一种创新思维的产物，是互联网技术与农业生产、经营、管理、服务以及农民生活的生态融合和基因重组。未来在农业信息传播体系媒

---

① 《中央深化改革领域小组第四次会议关注媒体融合》，http：//tv. people. com. cn/n/2014/0820/c61600-25506132. html，2014 年 8 月 20 日。

② 邵培仁：《论媒介生态系统的构成、规划与管理》，《浙江师范大学学报》（社会科学版）2008 年第 2 期。

介系统重构时，要重点强化以"互联网+农业"为核心的媒介生态系统建设。

媒介生态系统的建立要了解不同媒体在西北农村地区的普及和农民的媒介使用状况，结合不同媒介、渠道的优势，在内容、平台、资源、技术、渠道等诸多方面加强融合，发挥传统媒体的内容优势，结合新媒体传播的技术优势，使农业信息的传播更加符合农民的认知习惯，满足农民的信息需求。另外，农家书屋、文化站、宣传册、海报、农村大喇叭等多种传播渠道是媒介生态系统重要的补充形式，这些传播渠道在西北农村地区有较好的传播效果。因此，媒介生态系统的建立既要符合西北农村地区的传播环境，还要符合西北地区农民的媒介接触习惯，将传统媒体、渠道与新媒体技术融合起来共同完成传播任务。

四　建设符合"三农"需求的农业信息资源

农业信息资源是农业信息传播体系中的关键性要素之一，既包括宏观的农业信息，也包括微观的农业生产当中的具体信息，如新技术、新品种信息和市场信息等。农业信息具有公益性和基础性的特征，政府涉农部门应当为农业信息资源建设主体提供大力支持，各传播主体围绕"三农"需求着力建设好农业信息资源。从形式上来看，农业信息资源包括互联网络信息、图书报刊信息、广播电视信息及其他信息。农业信息传播活动要围绕农业、农村和农民的实际需求出发，充分考虑西北地区农民受众的实际情况，收集、选择、整理、加工、处理、传播农业信息，为农业信息传播体系提供丰富、科学、实用的农业信息资源。随着西北地区农村经济社会的发展，农业信息涉及面极广，农业生产生活信息不仅应用于农、林、牧、副、渔等农业生产系统，而且还涉及有关的工、商、贸等其它系统。

"三农"信息需求的实现与满足，直接关系到当前我国农村经济社会发展的成效，也影响到农民的全面发展，最终影响到农业现代化进程的推进。"三农"信息需求具有差异性，对在不同区域的农民、不同民族的农民、不同层次的农民群体，其信息需求的差异性也较大。建立和完善涉农信息资源建设标准，规范农业信息资源建设流程，建设农业信息大数据库，建立信息资源共享机制，避免出现"信息孤岛"和重复建设等问题，在遵循标准的基础上开发与传播农业信息，通过不同形式与渠道以满足不同农民群体的信息需求。

1996 年，"中国农业信息网"等涉农类网站相继开通运营，标志着我国农业信息服务进入一个新阶段。经过 20 多年的发展，虽然取得了巨大成绩，但农业网站服务还存在诸多问题：数量少、地域分布不平衡、访问量较少、关注度不高等。农业信息非常复杂，涉及农村生活的方方面面。在农业网站类信息资源建设过程中，要强调通过分类推进，结合移动互联网传播与智能手机等媒体传播特征，完善政府类农业网站、行业类农业网站和农业电子商务网站、移动农业 APP 服务等方面建设内容，提高信息资源建设的时效性、科学性、有用性和有效性，全范围、高标准为"三农"提供服务。在加强新媒体农业信息资源建设的同时，继续强化传统媒体资源建设，依据信息资源建设标准，重点建设农业视频类资源，完善电视传播涉农频道与栏目建设。

准确把握农业信息资源的特征才能更好地传播与使用农业信息，农业信息具有季节性、时效性、地域性、广泛性、科学性、通俗性等诸多特征，由于农业信息的这些特征和农民的认知特点，需要选择合适的媒介与信息呈现形式来传播农业信息，以达到最佳传播效果。但由于西北地区农村社会的相对封闭性，农民接受信息也较依赖于周围的社会关系圈，"三农"信息不仅仅要依托于媒体传播，同时也要依赖于西北地区农村传统的人际传播关系网络。

第四节　西北地区农业信息传播体系的
外部保障系统优化策略

一　优化农业信息传播的政策设计

完善的政策环境发挥着引导农业信息传播方向，鼓励农业信息传播主体，规范农业信息传播活动，保障农业信息传播健康、可持续发展等重要功能。科学完备、标准规范、及时有效的农业信息传播政策是农业信息传播的基础性保障。近年来，国家相关部门陆续出台了相关政策文件，规划和指导农业信息化与农业信息传播工作。从实际情况来看，我国农业信息传播的相关政策法规建设尚处于探索阶段，政策数量相对较少、手段相对单一，政策间缺乏宏观与微观层面的相互配合与协调，农业信息传播的主体定位、投入机制、服务模式等不够明确具体。政府必须根据当前农业信息传播工作中存在的各种矛盾和问题，构建科学有效的政策调控体系，促进农业信息资源开发利用的制度化、规范化①。

农业信息传播政策建设是一项涉及政府、企业、媒体、科研院所等诸多部门和社会性组织的系统性工程。必须将政治体制、经济体制与农业信息传播实践结合起来，通过长期对传播实践的观察和认识，认清传播中面临的问题与挑战，通过政策的形式来解决诸多问题，这些政策涉及的主体多、内容杂，分散在不同的政策条款当中，发挥着不同的政策功能。目前我国尚未出台专门针对农业信息传播的系统性政策，相关的政策制度通常散见于其他农业政策（包括中央"一号文件"）条款之中，农业信息传播政策严重滞后。

农业信息传播政策建设要注重系统性、前瞻性、可操作性和层次性，特别是要创造有利于众多传播主体参与的良好政策环境，形成多主体相互协调实现目标的机制，确保资金投入、信息资源开发、基础设施建设等领域健康有序进行。由于农业信息传播实践活动本身的复杂性和艰巨性，农业信息传播政策的建设也要循序渐进、不断探索完善，服务好农业信息传播实践。

二 推进农业信息传播的立法工作

农业信息传播体系的有效有序运行必须依赖于强有力的法律和政

---

① 张会田：《我国农业信息资源开发利用政策体系构建》，《情报杂志》2013 年第3 期。

策体系。宏观上来讲，农业信息传播的政策建设和法制化建设都是确保农业信息传播体系正常、有序运行的基本保障，是两种不同的规范手段，但二者有明显区别，法规具有强制性，并具有普遍的约束力，通过法律、法规等规范性文件呈现，而政策具有激励性，通过决定、决议、纲领、文件、通知、纪要等形式呈现，但两者共同为目标服务。因此，农业信息传播体系当中，既要有政策保障，同时也需要有法律保障。

当前我国农业信息传播的专门性法律法规相当少，涉及农业信息的相关法律有《中华人民共和国农业法》《中华人民共和国土地管理法》《中华人民共和国农业机械化促进法》《中华人民共和国农民专业合作社法》等，还有若干管理条例，但直接涉及农业信息传播的法律只有20世纪90年代颁布的《中华人民共和国农业技术推广法》，这一法律已远远落后于农业信息传播实践活动，无法更好地促进农业信息传播体系的科学运行。陈萌（2014）认为我国农业信息法律保障机制存在问题：农业信息法律保障规定不具体、农业信息法律保障规定不系统、农业信息法律责任不完善、农民的农业信息权无保障[①]。积极进行农业信息传播的相关法律法规建设，是发达国家现代农业、农业信息化建设的重要经验，他们建立起了在信息的保密、采集、发布、传播、使用等诸多环节的法律制度。法律作为最有效资源配置方式之一，具有极强的约束性和天然的平等性，以保障农业信息传播体系的有序运行。

农业信息传播体系的立法工作注意围绕以下几个方面展开，第一，明确农业信息传播的主体和政府的主要责任，特别是确保农民的主体地位；第二，建立农业信息的准确性、权威性等保障性法律；第三，建立农业信息传播的经费投入等机制；第四，建立农业信息基础设施建设的相关法律性规范。农业信息传播的立法工作要结合我国的法制化建设与我国的农业信息传播现状逐步推进，以确保农业信息传

---

① 陈萌：《农业信息供给法律保障机制研究》，硕士学位论文，西南政法大学，2014年。

播活动有序进行，促进农村地区可持续发展，加强农业信息传播的法律保障建设是当务之急。强化农业信息传播的法制环境，营造信息共享与传播的法治环境，依法向社会公布农产品的产销、供求、市场预测等相关市场信息，依据农民科技需求引导科研院所扩散与传播农业新品种、新技术等农业科技信息。

三　建立政府主导和市场化并重的传播体制

传播体制涉及传播者与传播组织、传播组织与传播组织间的相对位置与相互关系以及管理职能权限划分。农业信息传播体制是农业信息传播实践活动赖以正常进行的重要组织制度基础，农业信息传播的过程涉及各级政府、农业科研机构、农业院校、大众媒体、涉农企业、农业推广机构、服务中介、农民群体等结构复杂的传播主体。不同的传播主体在农业信息传播中有不同的责任，即不相互重复，又不相互推诿，理顺传播主体间的关系，相互协调、共同完成农业信息传播任务。马连湘（2011）认为农业科技信息传播体制以政府为主的多种渠道的传播，缺少专门的管理和统筹，条块分割，各自为战，缺乏系统性、规范性和连续性，导致功能发挥不完善，影响传播效果[①]。当前的传播体制与实现农业现代化建设的目标要求还存在着诸多不相适应的地方。

优化农业信息传播体制，就是要完善政府主导的传播体制，建立市场化传播体制。政府主导的农业信息传播体制存在诸多问题，结合农业信息传播现状与当前市场经济的发展现状，市场化体制是一条有效的发展路径。市场化传播体制是以市场作为配置农业信息资源基本手段的一种传播体制。政府通过引导企业等市场化力量的介入，使农业信息传播体制更加顺畅。政府主导的传播体制与市场化传播体制互为补充才能实现农业信息的有效传播，实现公益性与市场化相结合的传播体制，引导和鼓励社会力量参与农业信息传播。传播体制的确立

---

① 马连湘：《吉林农业科技信息传播体制的模拟构建》，《新闻爱好者》2011年第12期。

需要依靠法规和政策方面的制度保障，市场化传播体制的完全建立要依靠法规来保障，以确保实现政府主导的公益性传播体制与市场化传播体制有机结合，促进"三农"信息的传播。

四　建立农业信息传播的双向流动机制

农业信息传播机制是指农业信息传播系统内部要素间的相互作用方式及其与外部保障系统间的相互影响。本书中农业信息传播系统是由内部传播系统与外部保障系统组成，传播机制是外部保障系统的核心构成要素之一。因此，农业信息传播机制是整个农业信息传播体系运行的重要保障，农业信息传播体系的运行是建立在科学合理的结构基础上进行的。

农业信息传播体系运行机制包括自上而下的传播机制和自下而上的传播机制。首先需要完善农业信息传播中自上而下的信息传播机制，目前主要通过大众媒体和政府行政系统为主运行。在相对欠发达的西北地区农村，受众主要通过电视等大众媒体来了解外部世界与接受外部信息，国家对农村的相关政策通过政府各级行政系统传播到农村与农民中间，这是众多自上而下传播信息的两种主要方式。自上而下的信息传播在当前农业现代化建设进程中也存在诸多问题，因此要鼓励更多的社会力量参与其中。

自下而上的农业信息传播机制就是坚持以农民的信息需求为起点，通过媒介与渠道由传播者为其实现信息传播服务的机制，其实质就是建立农业信息的双向流动机制。这个"下"具有两层含义，一是信息传播实践从农民的信息需求出发，农民群体来自"下"；二是信息传播的起点在广大农村地区的"乡镇村"，这一级处于中国行政系统的底层，这种机制与自上而下的农业信息传播机制完全不同。自下而上的农业信息传播机制坚持以农民为中心，以农民的信息需求为出发点，具有良好的服务意识，以满足不同地区、不同类别、不同层次的农民信息需求，从而实现农民的全面发展。

自下而上的农业信息传播机制主要依靠互联网和移动互联网为核心的新媒体技术来实现，这种媒介技术具有互动性、实时性等特征，正好适合建立自下而上的农业信息传播机制。自下而上的农业信息传播机制是信息在特定结构中从"下层"向"上层"流动的过程，这个过程需要全社会的支持。通过不同的传播主体和不同的传播渠道实现传播者与受众之间的有效互动，实现信息的双向流动，农业信息传播体系才能够满足"三农"的信息需求。

西北地区农业信息传播体系的重构，并不是八个要素或系统的单个重组。以系统的视角，从内部传播系统与外部保障系统的现状出发，既要考虑单个要素或系统现状，又要统筹考虑与其他要素或系统间的融合问题。

第五节　本章小结

在我国经济社会飞速发展的同时，农业信息传播不均衡的问题也日益突出，东部沿海地区显然要比西北内陆地区发达。因此，西北地区农业信息传播体系的重构成为推动我国农业发展的必然要求。通过上一章对农业信息传播体系存在问题及成因的分析，本章以西北地区陕西、甘肃、宁夏、青海四省（自治区）为例，在分析农业信息传播体系的特征与现状和借鉴国内外农业信息传播体系的相关经验的基础上，最后提出与西北地区经济社会发展相适应的农业信息传播体系重构策略。

农民作为农业信息传播体系的受众，如何更好地满足其需求并建立完善的相关机制呢？结合经济社会的快速发展和媒介技术的不断变革，农业信息传播体系重构思路要从理论模型、经验借鉴、现状调研和相关问题及成因分析五个方面来综合分析。从西北四省（自治区）的农民基本人口特征、农民对农业信息的认知、农民对媒介的使用状况等现状来看农业信息传播对农民的影响，不断形成以政府为主导，以农民为中心，利用现代媒介技术使社会广泛参与的农民获益的社会信息运行系统。从长远来看，农业信息传播体系重构的总体目标是服务于农民全面发展和农业现代化建设。若想达到通过科技化、资源化、信息化等具体目标就要遵循系统性、适用性、差异性、协调性和市场化的原则，使农业信息传播体系全面协调发展。

农业信息传播体系是由内部传播系统和外部保障系统共同组成的复杂系统，因此，优化策略分为两个方面。一方面，农民作为农业信息传播的主体和主要服务对象，最重要的就是把握农民的需求并不断提高农民的整体素质。要以受众为中心，坚持以点带面，让精英农民成为乡土文化的传承人与对外传播者。农业信息传播体系是一个由政府、媒体、社会组织、企业和个体等构成的复合主体，不同的主体，相互补充相互制约，发挥自己特有的优势，不断形成一个具有"一主多元"的传播者系统。与此同时，在媒介技术不断革新的今天，媒介技术作为农业发展的重要因素之一，是不断推动农业信息传播发展的重要动力。作为农业信息传播发展的最重要的手段和方式之一，如何建立一个良好的传统媒体与新媒体融合的媒介生态系统也是农业信息传播体系中必不可少的内容。结合不同媒介和平台，使传统媒体和新媒体不断放大优势并且互补，满足农民需求。但目前"三农"信息需求的实现与满足距离理想目标还有一定距离，所以建立符合"三农"需求的农业信息资源平台与机制也是有必要的，完善和规范相关制度，可以使农业信息传播效果达到最大化。

另一方面，为了优化农业信息传播的政策设计，不断推进农业信息传播的立法工作，如何完善农业信息传播体系的外部保障系统也是西北地区农业信息传播体系的重要内容。从传播主体着手分析，建立以政府为主导和市场化并重的传播体制能够有效地促进"三农"信息的传播。与此同时，建立农业信息传播的双向流动机制也是极有必要的。农民在获取信息时由于接收渠道的单一性，通常是被动的选择，通过自下而上的农业信息传播机制实现与传播者的有效互动，从而促进信息的自由双向流动。

主要结论与展望

一 主要结论

人类社会从农业社会到工业社会进而再发展到信息社会，信息成为这一时代最重要的基础性和战略性资源之一。传播媒介和信息资源在农业发展、农村发展和农民发展中将发挥越来越重要的作用。农民在生产生活中需要包括农业科技信息、市场销售信息、新闻时政信息、文化娱乐信息等诸多方面的信息。完善的信息供给不仅能够解决信息不对称问题，更重要的是为农民提供了与外界沟通的交往通道，为农民发展提供了必要的发展资源和发展环境，促进了"三农"问题的解决，推动农业现代化建设进程。然而，在我国西北农村地区，由于长期以来城乡二元经济以及西北农村地理空间和观念上的相对封闭等诸多原因，导致了信息传播不充分、信息滞后、信息不准确、缺乏互动性等诸多问题，一定程度上制约了西北地区"三农"发展。

农民的发展离不开一定的社会关系。从本质上讲，人是一切社会关系的总和。马克思认为社会关系实际上决定着一个人的发展程度，社会关系包括了人与人、人与自然、人与社会之间的关系。以智能手机为代表的新媒介为人与人、人与社会关系的发展提供了新的路径，智能手机等新媒介将个体与个体、个体与社会更好地建立起了联系，农民可借助于智能手机等新媒介，突破地理空间的局限性，实现人与人、人与社会的互动与交往，这种交往的方式与水平体现了农民发展的程度。在信息时代，新科技推动着社会的进步与发展，交往的手段与方式正在发生着深刻变革，这种变革必然促进人的社会关系的形成与发展，进而加速推进农民发展的进程。

党的十八大以来，中国的各项改革向纵深发展，党中央适时将推进农业现代化建设作为农村全面改革的重心与突破口，也是破解"三农"问题的重要抓手。在创新、协调、绿色、开放、共享发展理念统领下，现阶段农村改革的重点是全面推进农业现代化进程。2004 年以来，连续 13 个中共中央一号文件聚焦"三农"，近 3 年直接将"农业现代化"作为中共中央一号文件的关键词，这些举措有效地促进了农业发展、农村发展与农民发展。然而据尹成杰（2011）测算，我国农业现代化水平居世界第 51 位①，与我国 GDP 发展水平极不相称。

当前，我国的农业生产方式严重滞后于信息时代农业生产力发展的要求，农业信息传播的形式、内容与渠道都不同程度地与"三农"的现实需求错位，农业现代化建设的推进和农村传媒环境的变化都要求传统的农业信息传播方式向适应信息时代要求的现代方式转变。要实现这个转变，就必须坚持以农民为中心，尊重农业信息传播规律，理顺传播主体间的关系，运用新媒介传播技术，调动社会力量广泛参与农业信息传播实践，重构符合当前"三农"实际需要的农业信息传播体系来适应新常态下西北地区农村经济社会发展要求。

本书以马克思主义相关理论、传播学理论、系统科学理论、农业信息化理论、图论和基因重组理论为指导，综合运用文献分析法、历史分析法、社会调查法、数学建模法和结构化系统分析法，将定性研究与量化分析结合起来，在国内外研究及农业信息传播实践的基础上，构建了农业信息传播体系理论模型；梳理了我国农业信息传播体系的建设进程、特征趋势及发达国家先进经验；基于对陕西、甘肃、宁夏、青海四省（自治区）八县（区）63 个乡镇的 1561 位农民调查数据，应用描述统计、相关分析、回归分析等方法分析了西北地区农业信息传播现状，描述了西北地区农民对信息和媒介的认知特征，考察了信息传播对农民现代观念和公共事务参与行为的影响，梳理了农业信息传播体系中存在的问题并进一步分析了造成问题的原因；最后，从主体需求的角度提出了西北地区农业信息传播体系重构思路与

---

① 尹成杰：《关于"三化"同步推进的理性思考与对策》，《农业经济问题》2011 年第 11 期。

策略。体现了农业信息传播体系研究在理论上的科学性与系统性，在实践上的指导性与适用性。通过研究得出如下结论：

第一，农业信息传播体系的结构正在由单向度纵向信息链结构向分布式互动信息链结构演变。农业信息化环境是农民生产生活的基本条件，人们对农业信息传播体系的认识不足导致了信息不平衡问题。重构农业信息传播体系、解决信息不平衡问题，首先应该分析其内部要素结构与作用机理。农业信息传播体系的结构是其赖以运行和发挥作用的基础。本书以马克思主义人的发展理论和图论为指导，发现农业信息由以往"政府到农民自上而下"的传播转向"以农民为中心的双向流动"，结构也从单向度纵向信息链结构逐渐转向分布式互动信息链结构。

第二，梳理总结了国内农业信息传播体系建设的特征和国外可借鉴的经验。从国内看，农业信息传播体系建设经历了四个阶段：萌芽期、初期发展期、快速发展期、融合发展期，呈现四个主要特征趋势：农业信息传播体系的建构主体由"精英自发"到"政府主导"，再到"政府主导与社会参与并存"，最终转向"农民自觉"；农民主体地位逐渐凸显；体系的变革主要由媒介技术更新变化引领；保障系统建设滞后于农业信息传播实践活动。从国外看，可借鉴的经验主要有：参与主体多元，信息传播技术先进，农业信息资源丰富，农民群体信息素养高和外部保障系统较为完善。

第三，通过对西北四省（自治区）1561位农民的实证调查，描述了西北地区农民对信息和媒介的认知特征，分析了信息传播对农民观念和行为的影响。就农民对信息和媒介的认知特征而言，得到的基本结论如下：（1）就信息认知而言，农民对农业信息重要程度的认识水平较高，但对不同类别信息的重要程度感知存在差异，他们对其所感知的重要农业信息的关注程度不高。（2）就媒介认知而言，农民对传统农业信息传播媒介的信任程度高于对互联网与手机等新媒介的信任程度；传统媒体仍是农民获取重要农业信息的主渠道；他们最喜爱的媒体类型首先是电视，其次是互联网和手机。（3）就农民自身现代观念而言，现代观念的四个维度中，开放观念、教育期望和成功认知水平较高，但时间观念不强。（4）就农民的公共事务参与行为而言，公共事务参与的三个维度中，政治参与人群的覆盖面广，社会参与和文化参与的人群覆盖面处于中等水平。

就信息传播对农民观念和行为的影响而言：（1）对农民观念的影响：农民传统媒介接触强度对其现代观念中的开放观念有显著正向影响，新媒体接触强度对其现代观念的开放观念、教育期望、时间观念都有显著正向影响；农民媒体信息重视程度越高，其开放观念、成功认知和时间观念越不理想；农民对媒体信息的信任程度越高，他们的观念越开放，对子女的教育期望越高，时间观念也越强。（2）对农民行为的影响：农民传统媒介接触强度和新媒体接触强度对其公共事务行为参与有显著影响。

第四，通过对农业信息传播体系建设进程和西北四省（自治区）农业信息传播实践的考察，梳理了我国农业信息传播体系存在的诸多问题，并分析了造成这些问题的深层次原因。当前农业信息传播体系存在以下问题：农民主体地位不突出；农民信息需求未能很好地得到满足；农民信息意识水平整体上不高，信息利用率低；自下而上的传播渠道不畅；外部保障系统缺失。造成这些问题的原因主要有：城乡二元结构是根本原因；传播主体的观念落后是核心原因；农村信息传播环境建设不完善是重要原因。这些问题及成因的分析为后续体系重构提供了重要的依据。

第五，在理论分析模型构建、国内外经验借鉴、实证调研分析、问题及成因分析的基础上，本书提出了当前西北地区农业信息传播体系重构的优化策略。围绕农民受众这一主体和服务对象，建立"一主多元"的传播者系统，构建新旧媒体融合的媒介生态系统，充实符合"三农"需求的农业信息资源库，优化农业信息传播的政策制度，推进立法工作，建立政府主导和市场化并重的传播体制，实现农业信息传播的双向流动。

二 进一步研究展望

在我国现代化建设进程中，农业信息传播体系对于农业发展、农村发展、农民发展具有举足轻重的作用，目前针对农业信息传播体系的研究相对偏少。国家对"三农"问题越来越重视，随着国家政策环境、农村传媒环境、农民自身认识的变化，农业信息传播体系建设中会出现更多、更复杂的新问题。随着对问题的深入认识和各种定量与定性方法的改进与创新，也将提供更多的研究手段，为解决本土化的研究问题提供了可能。本书进一步研究的方向为：

第一，重构农业信息传播体系作为农业现代化建设的一项重要内容，对其与农民发展的内在关系是下一步研究的重点。农民的发展是当代中国人的发展的重要组成部分，农业信息传播体系的建设是以农民发展为基本出发点与实践目的。未来还需要进一步探讨农业信息传播体系与农民发展的具体关系，特别是在农业信息传播体系对促进农民认识能力与实践能力发展方面的作用，如在社会关系改进、信息意识提升、劳动素质提高、自由个性形成等方面的具体作用。

第二，进一步研究农业信息传播体系中外部保障系统与内部传播系统的关系问题。农业信息传播体系的外部保障系统包括政策、法规、体制、机制四个要素，而内部传播系统包括传播者、媒介与渠道、信息、受传者四个要素。未来需要深入采用量化研究的方法，将研究重点转移到本书提出的新体制、新机制对农业信息传播的最终效果的影响研究上来。

第三，进一步研究"互联网+"背景下农业科技信息的传播模式、路径、机制等。由于农业科技信息的传播与其他信息的传播有所区别，不仅需要媒介的传播，还需要传播主体间的互动以及对受众的示范与带动，在实际情景中帮助农民解决问题，需要将信息的有效传播与实地示范带动结合起来。真正将农业科技应用于农民生产生活，促进"三农"问题的有效解决，推动农民发展和农业现代化建设进程。

三　小结

信息化已经成为当今经济社会发展的必然趋势，发展以信息技术为支撑的新型农业生产方式，是农业现代化建设的基本要求。传播媒介和信息资源在促进农业发展、农村发展和农民发展中发挥着越来越重要的作用，提供了必要的发展资源和发展条件，推进并加快了"三农"问题的解决。

本书内容立足于我国农业生产力发展相对落后的国情特点，以马克思主义相关理论、传播学理论、农业信息化理论等为理论支持，综合文献分析法、历史分析法等多种方法，对西北地区农业信息传播体系重构思路与策略的科学性、必要性以及诸多阻碍现代农业发展的制约因素进行了系统概述，结合国内外研究及农业信息传播实践，通过研究得出了一些重要结论：农业信息传播体系的结构更加合理化，正在由单向度纵向信息链结构向分布式互动信息链结构演变；通过前几章对国内外相关研究的梳理发现，发达国家和地区的农业信息传播体系中呈现参与主体多元、信息传播技术先进、农业信息资源丰富、农民群体信息素养高和外部保障系统等较为完善的特征；考察了西北四省（自治区）农民对信息和媒介的认知现状，进一步揭示信息传播对农民观念和行为有着显著影响，其中农民传统媒介接触强度对其现代观念中的开放观念和对其公共事务行为参与有显著正向影响；在理论分析、国内外已有的经验借鉴、实证研究分析等基础上，针对当前农业信息传播体系重构的重点难点，最终提出了建立多元的传播者系统，构建多种媒体相互融合的媒介生态系统，不断优化农业信息传播的政策制度，坚持推进立法工作，建立政府主导和市场化并重的传播体制，实现农业信息传播的双向流动的西北地区农业信息传播体系重构的优化策略。

随着我国农业信息传播环境的不断变化与发展，农业现代化建设的步伐不断加快，农业信息传播形式和内容发生深刻变革，构建一个有利于现代农业生成、成长与农业发展国情相适应的农业信息传播体系是十分必要的。目前我国农业信息化面临着一个历史发展机遇，也就是农业信息化和农业现代化的叠加时期，面临更多新问题和新挑战，随着对问题的深入剖析和研究方法的不断改进与创新，为解决好本土化的研究问题提供了可能性。未来的深化研究将会以重构农业信息传播体系作为农业现代化建设的一项重要内容，重点研究其与农民发展的内在关系，研究农业信息传播体系中外部保障系统与内部传播系统的关系问题，研究"互联网+"背景下农业科技信息的传播模式、路径、机制等。加强对农业信息传播体系的研究，为农业节约、高效和可持续发展提供强有力的支撑。

附　录

西北地区农业信息传播及其影响调查问卷

亲爱的村民朋友：

您好！我们是"西北地区农业信息传播及其影响研究"课题组。本调查纯属学术研究，请放心填写，感谢您的积极参与和支持！祝您生活愉快，健康开心。请在您认可的选项上画"√"号，如无特别说明则选一项，或在横线上填写您认可的内容。

一　个人基本信息

A1. 您的性别：

①男　　②女

A2. 您的年龄（请填写）：

A3. 您的民族：

①汉族　　②回族　　③其他（请填写）

A4. 您的文化程度：

①不识字　　②小学　　③初中　　④高中及中专　　⑤大专

⑥本科及以上

A5. 您的婚姻状况：

①已婚　　②未婚

A6. 目前您家庭人口数为__人，其中外出务工__人。

A7. 您去年家庭总收入为__元，其中农业为__元，其他收入为__元。

A8. 目前您耕种（包括承包别人和自己已有的）的土地总面积为__亩。

A9. 您以前是否外出打过工吗？①是　　②否；如果打过，打工的年限是__年。

A10. 您务农的年限：

①5 年内　　②6—10 年　　③10—15 年　　④15—20 年
⑤20年以上

A11. 您家到最近的区县城距离，坐车大约需要多久？

①20 分钟内　②20—40 分钟　③40—60 分钟　④1—2 小时
⑤2小时以上

A12. 您认为自己的生活在本村处于什么水平？

①远高于平均水平　　②高于平均水平　　③平均水平　　④低
于平均水平　　⑤远低于平均水平

A13. 您认识的亲朋好友是否有城市工作过的？（若选择没有，请
跳到 A15 题）

①有　　②没有

A14. 如果有城市工作的亲朋好友，是否经常联系？

①经常联系　　②偶尔联系　　③从不联系

A15. 您认识的亲朋好友是否有国家干部身份？（若选择没有，请
跳到 A17 题）

①有　　②没有

A16. 如果您认识的亲朋好友当中有国家干部身份的人，是否经
常联系？

①经常联系　　②偶尔联系　　③从不联系

A17. 您所从事的行业：

①种地、养殖等　　②批发零售业　　③加工制造业　　④交通
运输业　　⑤餐饮服务业　　⑥建筑业　　⑦其他行业

A18. 您对当前自己的生活状态感到幸福吗？

①非常幸福　　②比较幸福　　③幸福　　④不太幸福　　⑤不
幸福

二　农村地区信息传播现状

B1. 您认为下列信息对于农村生产生活的重要程度：（每一行选
一项，画"√"号）

重要程度 信息种类	非常重要	比较重要	重要	不太重要	不重要
B1-1　农业政策信息					
B1-2　农业科技信息					
B1-3　市场销售信息					
B1-4　天气气象信息					
B1-5　新闻时政信息					
B1-6　文化娱乐信息					
B1-7　生态环境信息					

B2. 您在农业生产过程中是否关注过农业政策信息？

①经常关注　　②偶尔关注　　③从不关注

B3. 您在农业生产过程中是否关注过农业科技信息？

①经常关注　　②偶尔关注　　③从不关注

B4. 您是通过哪种渠道来决定自己的农业生产活动？

①媒体上获取的信息　　②按传统习惯

③别人怎么干我也怎么干　　④无所谓

B5. 您认为市场信息对于提高您的农业经济效益的作用：

①非常有效　　②比较有效　　③有效

④不太有效　　⑤无效

B6. 您认为农业政策的获取渠道中，最有效的方式是：（最多3项）

①参加村民会议

②看电视、读报纸、听广播

③与朋友、亲戚、同村能人交流

④与农技推广员、科技专家、乡镇干部交流

⑤与农资经营人员、合作社人员交流

⑥使用互联网与手机获取

B7. 您认为对于农业科技成果的获取，最有效的方式是：（最多3项）

①看农业技术类图书

②看电视、读报纸、听广播

③与朋友、亲戚、同村能人获取

④农技推广人员和科技专家集中指导

⑤村里组织的培训或会议

⑥与农资经营人员、合作社人员获取

⑦使用互联网与手机获取

B8. 您认为对于市场信息的获取，最有效的方式是：

①看电视、读报纸、听广播　　②与朋友、亲戚、同村能人

③使用互联网与手机获取

④与农资经营人员、专业合作社人员　　⑤乡镇、村委会

B9. 您认为新闻时政信息获取渠道中，最有效的方式是：

①报纸　　②广播　　③电视　　④互联网

⑤村干部　　⑥手机　　⑦其他村民

B10. 您认为文化娱乐信息的获取渠道中，最有效的方式是：

①报纸　　②广播　　③电视　　④互联网

⑤村干部　　⑥手机　　⑦其他村民

B11. 您在平时接触的媒体当中，选择您最喜爱的：

①报纸　　②广播　　③电视　　④杂志

⑤书籍　　⑥手机　　⑦互联网

B12. 您家里第一次有电视，到现在的年限：

①3 年内　　②3—5 年　　③5—10 年　　④10—20 年　　⑤20 年以上

B13. 您平时主要观看哪些类电视节目：（最多 3 项）

①新闻类　　②经济类　　③法制类

④服务类　　⑤教育类　　⑥文艺娱乐类

B14. 您对下列媒介的接触情况：（每一行选一项，画"√"号）

		每天数次	每周数次	每月数次	每年数次	从来不用
B14-1	看书					
B14-2	读报刊					
B14-3	听广播					

续表

		每天数次	每周数次	每月数次	每年数次	从来不用
B14-4	看电视					
B14-5	上网					
B14-6	电子邮件					
B14-7	腾讯 QQ					
B14-8	微信					

B15. 您拥有新媒介的年限：（每一行选一项，画"√"号）

		没有	1 年内	2—3 年	3—5 年	5 年以上
B15-1	电脑拥有					
B15-2	互联网使用					
B15-3	手机拥有					
B15-4	手机上网					

B16. 假如您经常上网（包括电脑和手机），主要目的是：（最多3项）

①浏览新闻资讯　　②查找农业信息　　③收发电子邮件

④网络购物销售　　⑤网络游戏　　⑥交友、聊天

⑦写博客、微博　　⑧观看视频节目　　⑨下载免费资料

⑩不上网

B17. 您认为电脑网络进入农村以后变化最大的是：

①娱乐更加方便　　②获取市场信息方便　　③购物更加方便

④了解新闻时事方便　　⑤与他人交流更加方便　　⑥不知道

B18. 您认为手机对您生活的改变程度：

①非常大　　②比较大　　③不太大

④不大　　⑤无改变

B19. 您对下列媒介传播的内容信任程度：（每一行选一项，画"√"号）

	非常信任	比较信任	信任	不太信任	不信任	无
B19-1	报刊					
B19-2	广播电视					
B19-3	互联网					
B19-4	手机					

B20. 您通常遇到农业生产当中的难题，采取过哪些措施？（最多3项）

①找村干部　②找亲朋好友邻居　③找职业农民　④找农技员、科技专家　⑤找农资企业、专业合作社人员　⑥自己解决　⑦通过热线电话、网络等

B21. 您接收过相关部门的各种培训吗？

①接收过　②没有接收过

B22. 您在空闲时间当中，最愿意做什么？（最多3项）

①看书、看电视、上网　②和亲朋好友聊天　③棋牌等其他娱乐

④辅导孩子完成作业　⑤做自己喜欢的其他事情　⑥不知道

三　农村地区信息传播对农民的影响

C1. 假如有一种新技术或新品种能改进您的农业生产活动，您会对此采取何态度？

①乐于接受　②等别人用了再说　③稳妥一些还是用老办法　④不知道

C2. 如果能免费受教育也没问题，您觉得孩子应该接受什么程度的教育？

①初中或以下　②高中/中专　③专科/高职

④本科　⑤研究生或更高　⑥无所谓

C3. 您认为在现代社会要获得成功主要依靠什么？

①个人努力和能力　②社会关系　③各种运气　④不知道

C4. 如果您的朋友说他（她）将要来看您，但却没有按时来，您

认为他（她）晚来多长时间便算是迟到？

①迟到一分钟也算迟到　　②十分钟内　　③半个小时　　④无所谓

C5. 在电视、电影中看到的都市生活对您有吸引力吗？

①很有吸引力　　②一般　　③没有吸引力

C6. 您在家看电视切换电视频道的时候是否有征求其他家人的意见？

①经常征求　　②偶尔征求　　③从不征求

C7. 对于以下情况，您的看法是：（每一行选一项，画"√"号）

		非常同意	基本同意	不知道	基本不同意	非常不同意
C7-1	带孩子是妻子事情，男人就不管了					
C7-2	女儿长大终要嫁人，生女不如生男					
C7-3	男人是一家之主，家中的事情应该由丈夫做主					
C7-4	做自己的事，不在乎别人怎么说					
C7-5	做事靠自己，别指望别人帮忙					
C7-6	知足者常乐					
C7-7	遇到天灾人祸最好顺其自然					
C7-8	工作差不多就可以，没必要争先进					

C8. 您在多大程度上愿意或者不愿意如下行为：（每一行选一项，画"√"号）

		非常愿意	比较愿意	不太愿意	不愿意
C8-1	如果要召开村民代表大会讨论村里土地利用问题，您是否愿意作为代表参加？				

（续表）

		非常愿意	比较愿意	不太愿意	不愿意
C8-2	如果村里成立农田水利建设义务队伍，您是否愿意参加？				
C8-3	您是否愿意参加村里组织的文体活动？				
C8-4	如有机会，您是否愿意参加村干部竞选？				

C9. 过去一年里您参加过你们的村民会议吗？

①参加过　　②没有参加

C10. 过去一年里您是否参加过村里开展的集体文娱活动？

①参加过　　②没有参加

C11. 过去一年里您是否参加过村里的农田水利建设活动？

①参加过　　②没有参加

C12. 您在上一次村委会选举中有没有投过票？

①投过　　②没有投过

C13. 您是否根据电视等介绍的产品去购买生活所需品？

①买过　　②没有买过

C14. 您是否通过互联网解决过自己农业生产中的问题？

①有过　　②没有过

C15. 您的农产品或手工艺品是否通过媒体解决过销路问题？

①解决过　　②没有解决过

C16. 您过去三年内是否将多余的农产品拿到集市出售？

①经常　　②偶尔　　③从不

C17. 您过去三年内是否将多余的农产品卖给上门收货的人？

①经常　　②偶尔　　③从不

C18. 您购买农药、化肥等农资产品，是通过什么方式决定的？

①媒体广告（电视、报纸等）　　②亲朋好友推荐

③根据自身经验　　④科技人员推荐

后　记

　　此书是我在西安交通大学攻读博士时学位论文的修改稿，是在博士学位论文基础上进一步思考和完善的最新成果。书名定为《农业信息传播：理论模型、实证分析与重构策略》，呈现给学界各位前辈和同仁。书稿即将付梓出版之际，和在博士学位论文送审和答辩前一样忐忑不安。博士学位论文送审和答辩时，面对的是本领域的3—5位论文评阅人和答辩委员会委员，而书稿出版之后将会呈现给更多的专家学者。

　　这本书是我的第一本学术专著，它的意义于我而言非同小可。在我看来，出版一本著作是相当不易的，所以博士毕业后迟迟未将论文修改出版。而在此之前我能做的就是不断完善与打磨，竭尽全力为读者呈现一本相对有价值和意义的学术著作。

　　农业信息传播是一个相对冷门且不易研究的领域。党的十八大召开后，我与中科院昆明分院分党组书记、院长周杰研究员曾深入讨论过农业信息传播的相关问题。他的提议和建议以及在导师李明德教授的指导和支持下，使我明确选择了农业信息传播作为博士的研究方向。2015年，我选择到西北地区农村8个县（区）进行了为期2个月的农村调查，行走8000千米，深入60多个农村乡镇，与1500余位农民接触和交流，获取了宝贵的一手资料，为此后的研究打下了很好的基础。在调研过程中，我深刻感受到"三农"问题需要更多的社会科学工作者去积极主动关注，不断将社会科学研究扎根在新时代中国大地上。

　　博士学位论文是伴随着西安交通大学120周年暨西迁60周年活动完成的。校庆盛典上师生们庄严的誓言铿锵有力，一代代交大人践行着西迁精神，不断传承、创新、奋斗、攀登，立志此刻再拼搏，开启新甲子的荣光。我深受鼓舞，也带着这份荣耀与感恩回忆起了撰写学位论文的过程。2012 年，我开启了攻读西安交通大学博士学位的历程。历经四年苦读研学，在 2016 年顺利毕业。特别感谢伟大的母校西安交通大学，在这里我不仅学会了严谨与做学问的科学精神与科学态度，而且也为我以后的人生和工作留下了深深的烙印。"精勤求学、敦笃励志、果毅力行、忠恕任事"，短短 16 个字的校训也在不断提醒和鞭策着我，时刻牢记自己是交大的一分子。如今离开母校已经三年多了，还时常想起在钱学森图书馆、研究所、教室等场所种种学习和生活的细节，让我回味无穷。

书稿出版之际，首先要感谢恩师李明德教授。在论文选题、问卷设计、农村调查、数据分析与论文撰写过程中，他以极其深厚的理论修养与丰厚的研究经验，不仅在理论建构方面为我提供了许多富有创见的指导，而且在具体问题的解决中给我提供了许多有价值的意见。李老师治学态度严谨，为人宽厚仁爱、处事豁达乐观，对学生亲切耐心，谆谆教诲。在一次次的交流中，李老师的鼓励是我在学习、调研和写作中维持热情的动力，也是支撑我在遇到困难、信心起伏不定时的坚定信念。没有李老师的悉心指导与关怀，我无法顺利完成博士学位论文，也就没有即将呈现的这本著作了。李老师作为老一辈的科研工作者，认真严谨负责的工作态度和科研精神，永远是我学习的榜样。

在此同样要感谢西安交通大学王宏波教授、张思锋教授、李玉华教授、燕连福教授、李黎明教授、刘儒教授和郑冬芳教授，各位老师渊博的知识使我对学术和科研有了更深入的理解和认识，执着的学术追求、严谨不拘的态度让我对学术肃然起敬。感谢中科院西安分院张行勇研究员在论文选题、调研、撰写中给予的支持与指导。感谢卢春天教授和朱晓文教授在实证方法和数据分析中给予的指导。特别还要感谢中南财经政法大学张凯教授，在论文修改阶段给予的宝贵建议。

感谢我的诸位同门，他们是张宏邦博士、王明博士、蒙胜军博士、黄安博士、彭湘蓉副教授、谭成兵老师、刘婵君博士、王玉珠副教授、高如副教授和李巨星博士，他们锐意进取、一丝不苟的精神鼓舞着我。他们团结互助、包容豁达，给我学习、生活上实质性的帮助。感谢张立副教授、博士生孙万清同学、胡文静同学在我写作过程中的耐心帮助与指导。还要感谢我在西北农村地区调研中给予大力支持的各位领导、老师和同学，不能一一列举，在这里，我要向他们表示最诚挚的谢意！还要感谢我的三位研究生闫欣、张露露和谷雨琳同学，在文字校对上付出了极大的心血，感谢他们的热情与认真。另外，我还要特别感谢中国社会科学出版社慈明亮编辑，书稿出版的前前后后，感谢他为本书出版所付出的努力和行动。书稿能够顺利在我期待的中国社会科学出版社出版，这是我莫大的荣幸。

最后，我要感谢我的父母、家人和宝贝女儿李梓溪在我求学路上给予的理解、支持和鼓励。父母给予我生命，并一直教导我做一个正直的人，做一个有益于社会的人。这几年，每当在他们最需要我的时候，我却一直忙在教学和科研工作一线。父母身体不好，我无法在他们身边陪伴，苦于深深的孝心而无法更好地表达，时常也会自责。长期以来是他们深厚的爱和默默奉献使我能够专心于工作、学习和生活。在此向远在家乡的父母深深鞠上一躬，父母辛苦了。感谢我的女儿李梓溪，她聪明可爱，健康活泼，没能给予你足够的父爱，也深表歉意。父母和孩子的支持是我教学和科研工作的源动力。

由于本人研究水平所限，本书在内容和格式上存在诸多的不足，还请各位专家、学者和读者提出宝贵的批评意见。

本书为国家社会科学基金一般项目（16BXW080）的部分成果，同时得到了学校出版基金和相关经费的支持。本书的出版是激励我学术研究的动力，鞭策着我追求更好的学术人生。

李天龙

2020 年 6 月